TURID MÜLLER

Verdeckter Narzissmus in Beziehungen

kailash

Turid Müller

VERDECKTER NARZISSMUS in Beziehungen

Das Arbeitsbuch

In 10 Schritten raus aus der toxischen Partnerschaft

kailash

Inhalt

2. … und wenn ich doch übertreibe?

Das Bauchgefühl wieder zum Kompass machen

3. … und wenn die anderen doch recht haben?

Gaslighting, Enabler und Flying Monkeys ausbremsen

4. … und wenn es doch die große Liebe ist?
Von der kognitiven Dissonanz zur Klarheit

5. … und wenn es doch falsch wäre, zu gehen?
Denkfehler Hoffnung. Oder: Wie du Klebstoffe zu Lösungsmitteln machst

6. ... und wenn es doch an mir liegt? **Raus aus der Schuld-Falle!**

7. ... und wenn ich nie wieder so jemanden finde?
Rechtschreibkorrektur für Glaubenssätze

8. ... und wenn die Umstände mich zwingen zu bleiben?
Kinder, Kapital & Co.

9. ... und wenn es doch kein Narzissmus ist?

Lieber ein Ende mit Schrecken als ein Schrecken ohne Ende

10. ... und wenn es der falsche Zeitpunkt ist?

Den richtigen Moment finden und die Trennung gestalten

Vorbemerkungen

Die Auswirkungen toxischer Beziehungen sind nicht zu unterschätzen:

Wenn du im Augenblick um deine seelische oder körperliche Unversehrtheit fürchten musst, sollte dein erster Schritt sein, dich in Sicherheit zu bringen.

Wenn du momentan daran denkst, dir etwas anzutun, hol dir Hilfe.

Auch kann dieses Arbeitsbuch eine Therapie nicht ersetzen.

Wenn du jetzt oder im Prozess bemerkst, dass die hier angesprochenen Themen oder dein Alltag dich überwältigen, such dir kundige Unterstützung.

Entsprechende Anlaufstellen findest du im Anhang.

Damit aus Opfern Überlebende werden können, ist Selbstfürsorge nötig.

Gib auf dich acht!

Vorwort

Moin.

Ich bin Turid. Wollen wir »du« sagen? Immerhin geht es auf den nächsten Seiten ja ganz schön ans Eingemachte …!

Apropos: Dieses »Eingemachte« kenne ich nicht nur durch meine Brille als Psychologin – ich habe es auch selbst erlebt.

In meinem Ratgeber »Verdeckter Narzissmus in Beziehungen« gehe ich inhaltlich mehr in die Tiefe, als das hier möglich ist, und plaudere auch zu meiner eigenen Geschichte ein bisschen aus dem Nähkästchen. Hier geht es vor allem um *dich*:

Dieses Arbeitsbuch wurde für alle geschrieben, die sich fragen, ob sie in einer toxischen Beziehung stecken. Auch für Menschen, die sich bereits getrennt haben, aber nicht loslassen können und die sich nach einem endgültigen Schlussstrich sehnen, kann es eine Hilfe sein.

Dabei legt es das Augenmerk nicht nur auf klassisch narzisstische Verhaltensweisen, sondern auch auf subtile Formen wie den *verdeckten Narzissmus.*

Das Arbeitsbuch möchte dich dabei begleiten, herauszufinden, ob dir deine Partnerschaft (noch) guttut oder ob es an der Zeit ist, etwas zu verändern. Dabei wird es ganz praktisch. Neben kurzen Inputs ist vor allem Raum, um dich mit dir und deiner Beziehung auseinanderzusetzen. Dabei hangeln wir uns an zehn typischen Fragen entlang, die ich von mir selbst kenne – und von den Menschen, die ich im Coaching begleite:

1. *… und wenn es doch nur Paar-Probleme sind?*
2. *… und wenn ich doch übertreibe?*
3. *… und wenn die anderen doch recht haben?*
4. *… und wenn es doch die große Liebe ist?*
5. *… und wenn es doch falsch wäre, zu gehen?*
6. *… und wenn es doch an* mir *liegt?*
7. *… und wenn ich nie wieder so jemanden finde?*
8. *… und wenn die Umstände mich zwingen, zu bleiben?*
9. *… und wenn es doch kein Narzissmus ist?*
10. *… und wenn es der falsche Zeitpunkt ist?*

Diese und ähnliche Fragen stehen uns in toxischen Beziehungen dabei im Weg, klar, entschlusskräftig und handlungsfähig zu werden – jedenfalls dann, wenn sie *unbeantwortet* bleiben. Darum werden wir uns gemeinsam auf die Suche nach Antworten begeben – und zwar nach deinen ganz persönlichen.

Du hast noch mehr Fragen, die du partout nicht klären kannst? Notier sie:

____

____

Vielleicht wirst du dir im Laufe dieser Reise auch auf sie einen Reim machen.

Machen wir uns also auf den Weg! Natürlich kannst du unterwegs von Thema zu Thema springen – doch die »Reiseleitung« hat sich bei der Wahl der Route was gedacht.

Bon Voyage!

Deine Turid

1.
... und wenn es doch nur Paar-Probleme sind?

Muster erkennen und brechen

Nur Paar-Probleme?

Viele Menschen, die sich fragen, ob ihre Partnerschaft toxisch ist oder ob Narzissmus eine Erklärung für die erlebten Schwierigkeiten sein könnte, zweifeln: Sind diese drastischen Vermutungen berechtigt? Herausforderungen gehören schließlich zum Miteinander dazu! Nicht ohne Grund heißt es ja »*in guten wie in schlechten Zeiten*«. Da kann man sich doch nicht einfach trennen, wenn es schwierig wird – oder?

Die Frage ist also: Wann wird das Zusammenleben *zu* problematisch? Und woher weiß ich, wann diese Grenze überschritten ist?

Viele Betroffene sagen:

»Ich kann nicht gehen! Denn: Was, wenn es doch nur Paar-Probleme sind?«

Kennst du diesen Gedanken von dir selbst?

Vielleicht bist du in dieser Frage auch gespalten? Dann geh beiden Impulsen auf den Grund:

Teilst du diesen Gedanken? Ist er für dich *ein Grund zum Bleiben*? Warum?

Teilst du diesen Gedanken nicht? Ist er für dich *kein Grund zum Bleiben*? Warum nicht?

Was möchtest du in diesem Kapitel für dich herausfinden?

Beziehungsgift: Narzissmus verstehen

Standortbestimmung

Menschen, die sich in toxischen Beziehungen befinden, fällt es oft schwer, genau zu benennen, was nicht stimmt. Sie merken, dass es ihnen nicht gut geht. Sie grübeln in jeder freien Sekunde, was in ihrer Partnerschaft schiefhängt und wie sie die Probleme lösen könnten. Doch die vielen kleinen, irritierenden Einzelereignisse scheinen, jeweils für sich genommen, kaum der Rede wert. Das verunsichert.

Darum möchte dir dieses Kapitel helfen, Worte für das zu finden, was du erlebst.

Fang mit dem an, was du schon weißt:

Wie geht es dir gerade? Und wie geht es dir in deiner Beziehung? Spitze ruhig zu:

Wenn du möchtest, kannst du auch malen, wie dir zumute ist oder wie es zwischen euch läuft. Bilder sagen mehr als tausend Worte. Dazu braucht es keine großen Zeichenkünste. Welches Bild bringt es auf den Punkt?

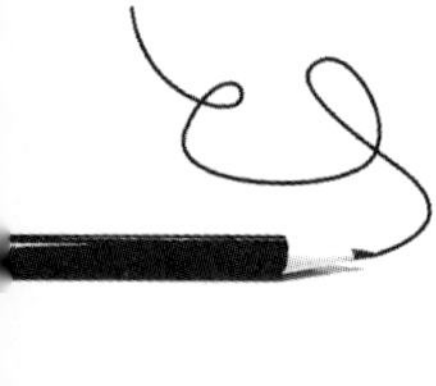

Wenn dieses Arbeitsbuch im Paket mit einer kleinen Fee käme – was hätte sich dann in deinem Leben verändert, wenn du irgendwann die letzte Seite umblätterst? Welche Wünsche hätte die Fee dir erfüllt?

Da diese Feen üblicherweise rar gesät sind, mal ganz praktisch gefragt: Was *genau* müsste passieren, damit die oben beschriebenen Veränderungen möglich würden? Kann ja sein, dass du den Sternenstaub doch mal wieder selbst versprühen musst …

Menschen in narzisstischen bzw. toxischen Beziehungen zeigen häufig ähnliche »Symptome«[1]. Welche Merkmale kennst du von dir? Markiere sie!

- ☐ gedanklicher Nebel, Konfusion
- ☐ sich hinterfragen
- ☐ Scham
- ☐ Wutausbrüche
- ☐ Todessehnsucht (ohne Suizidabsicht)
- ☐ Schmerzsymptome wie z. B. Muskelschmerzen, Kopfschmerzen, Migräne
- ☐ Entscheidungsschwierigkeiten
- ☐ Grübeln
- ☐ Einsamkeit

- ☐ Schlafstörungen
- ☐ weniger Lebensfreude und Glücksempfinden
- ☐ Selbstbeschuldigungen
- ☐ auf Eierschalen gehen
- ☐ Interessenverlust
- ☐ Panikattacken
- ☐ Stresssymptome
- ☐ Selbstoptimierung
- ☐ Hilfe suchen
- ☐ Selbstbetäubung
- ☐ Selbstverlust
- ☐ Depressionen
- ☐ psychosomatische Beschwerden
- ☐ sich für verrückt halten
- ☐ Schwanken zwischen positivem und negativem Bild der Partnerschaft
- ☐ Gewichtsverlust, Gewichtszunahme
- ☐ sinkendes Selbstwertgefühl
- ☐ chronische Erkrankungen
- ☐ Übelkeit, Erbrechen
- ☐ Schwierigkeiten, der eigenen Wahrnehmung zu trauen
- ☐ Überanpassung, Appeasement, dem Gegenüber alles recht machen
- ☐ Misstrauen
- ☐ (Selbst-)Isolation
- ☐ Erschöpfung
- ☐ Verzweiflung
- ☐ Sorge, selbst narzisstisch zu sein
- ☐ Erstarren, Sich-Zurückziehen, Sich-Betäuben
- ☐ Entzündungserkrankungen
- ☐ (Komplexe) Posttraumatische Belastungsstörungen
- ☐ Ständige Alarmbereitschaft (Hypervigilanz)
- ☐ Schreckhaftigkeit
- ☐ Reizbarkeit
- ☐ Albträume
- ☐ Flashbacks
- ☐ Süchte (z. B. Essstörungen, Alkohol, Sex)
- ☐ sozialer Rückzug
- ☐ Selbstvernachlässigung
- ☐ Konzentrations- und Gedächtnisprobleme
- ☐ Suizidgedanken, Suizidalität
- ☐ Flucht-oder-Kampf-Reaktionen (Adrenalinausstoß)
- ☐ Chronisches Erschöpfungssyndrom (CFS)
- ☐ Verspannungen
- ☐ Appetitverlust, Verstopfung
- ☐ müdes, graues Gesicht
- ☐ Schwierigkeiten, den Alltag zu meistern

Die meisten dieser Merkmale sind unspezifisch und können auch andere Ursachen haben. Im Zweifel solltest du sie also medizinisch oder psychologisch abklären lassen. Eine starke Häufung kann allerdings ein Indiz dafür sein, dass Körper und Seele dir signalisieren wollen, dass etwas ganz und gar nicht stimmt und deine Aufmerksamkeit braucht.

Wie deutest du selbst Art und Menge der Merkmale, bei denen du dich hier wiederfindest?

Narzissmus – darf man das sagen?

Vorab eine generelle Bemerkung über das Wort »Narzissmus«: Die wenigsten von uns dürften darin ausgebildet sein, Diagnosen zu stellen. Und selbst wenn – bei unseren Nächsten wären wir zu nah dran, um objektiv zu sein. Hinzu kommt: Narzisstische Eigenschaften können einem auch dann das Leben schwer machen, wenn sie für eine Diagnose nicht stark genug ausgeprägt sind. *In den meisten Fällen müssen wir also damit leben, dass wir keine Sicherheit bezüglich einer möglichen Narzissmus-Diagnose bekommen.*

Nichtsdestotrotz kann es hilfreich sein, die Muster zu erkennen und zu verstehen. Ob bedingt durch Narzissmus oder nicht – diese Muster sind potenziell *dysfunktional* und können die Betroffenen selbst sowie ihre Angehörigen in Mitleidenschaft ziehen.

Um benennen und somit erkennen zu können, was wir erleben, braucht es einen gesunden Mittelweg zwischen Narzissmus-Bashing und dem Entschuldigen toxischer Verhaltensweisen. Manche Menschen haben derart starke Hemmungen, Begriffe wie »narzisstisch« zu gebrauchen, dass sie sich selbst der Möglichkeit berauben, Worte für das zu finden, was ihnen widerfährt. So bleiben sie handlungsunfähig. Sie können sich selbst und andere nicht schützen.

Das Gegenteil kann ebenso die Sicht verengen: Wer alles nur noch über die vermeintliche Schlechtigkeit anderer erklärt und diese verteufelt, verpasst den Blick ins eigene Innere und hat darüber hinaus auch bei der Betrachtung anderer eine eingeschränkte Erkenntnisfähigkeit. Alle erscheinen narzisstisch und monströs statt als das, was sie sind: verletzte Menschen, die andere Menschen verletzen. Und vor denen man sich in Acht nehmen kann – und muss.

Um Narzissmus zu benennen, braucht es also einen *klaren Blick für ungesunde Muster*. Wird der übertrieben, artet es aus in *inflationäres Narzissmus-Bashing*. Damit das nicht passiert, braucht es *Differenziertheit, Selbstreflexion und Umsicht*. Allerdings sollte man es auch damit nicht übertreiben. Denn sonst folgt daraus, dass man *toxisches Verhalten entschuldigt*.

Erkennst du dich in einer (oder in mehreren) dieser Positionen wieder?
In welcher / in welchen?
War das schon immer so? Oder hat sich deine Haltung verändert – und wenn ja: wodurch?

____

____

____

Zu welchem neuen Gleichgewicht würdest du mit deiner Haltung gern finden?

____

____

____

Was brauchst du dazu?

____

____

____

Was ist Narzissmus?

Narzisstische Menschen haben seit ihrer Kindheit gewissermaßen ein »*Loch in der Seele*« – eine Metapher für die unzureichende Liebe der ersten Bezugspersonen. Durch das Defizit an bedingungsloser elterlicher Liebe haben narzisstische Menschen Probleme, ihr Selbstwertgefühl zu regulieren, was sie zum Beispiel durch *Grandiosität gegenüber vermeintlich weniger wertvollen anderen* oder durch *Verschmelzung mit idealisierten anderen* zu kompensieren versuchen. Im einen wie im anderen Fall dienen andere Menschen als Mittel zum Zweck[2]. Je nachdem, welche der beiden möglichen Strategien zur Stabilisierung des eigenen Selbstwertes gewählt wird, entwickelt sich eine andere Facette von Narzissmus.

Aber fangen wir von vorne an: Der Narzissmus-Begriff ist komplex. Schon bei der Frage, was *gesunder* und was *pathologischer Narzissmus* ist, scheiden sich die Geister. *Aaron Pincus*, ein Wissenschaftler, der viel zum Thema forscht, legt nahe, dass gesunde Selbstbehauptung und pathologischer Narzissmus zwei Paar Schuhe sind.[3] Die Grenze ist allerdings nicht genau zu setzen.[4]

Der pathologische Narzissmus verläuft auf einem Spektrum von einem bestimmten *Persönlichkeits- oder Kommunikationsstil* bis hin zur schweren Persönlichkeitsstörung.[5] Am äußersten Ende dieses Spektrums steht die *Psychopathie*.[6] Gerade die weniger ausgeprägten Formen von Narzissmus sind nicht immer leicht zu identifizieren.

Facetten der narzisstischen Persönlichkeitsstörung (NPS) nach Pincus et al.[7]

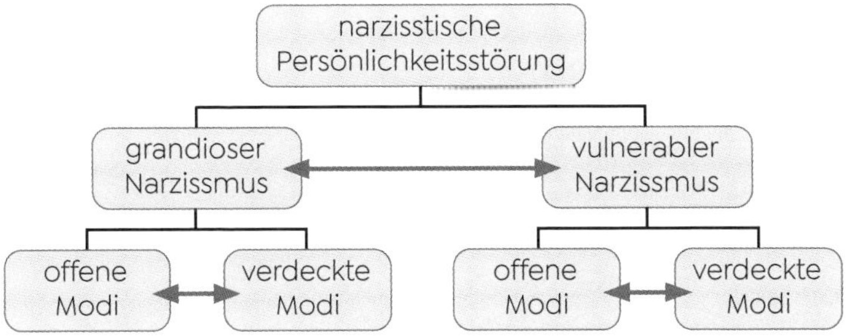

Unterscheidung narzisstischer Typen

Ich möchte im Folgenden gern zwischen zwei Haupttypen von Narzissmus unterscheiden: dem *grandiosen Narzissmus* und dem *vulnerablen Narzissmus.*[8] Da es kaum Daten gibt, die zwischen allen vier Facetten unterscheiden, vermische ich hier jeweils die beiden typischerweise gemeinsam erwähnten, und zwar in Anlehnung an den Therapeuten Jochen Peichl[9].

Wenn du möchtest, kannst du in der Tabelle markieren, welche Eigenschaften dir von deiner Partnerin/deinem Partner bekannt vorkommen. Das können durchaus Merkmale aus beiden Spalten sein:

Grandioser Narzissmus (eher offen)	Vulnerabler Narzissmus (eher verdeckt)
Was man typischerweise unter Narzissmus versteht / was die gängigen Diagnoseschlüssel darunter verstehen	Nicht auf den ersten Blick narzisstisch
Größenfantasien, Demonstration von Überlegenheit, Arroganz, Anspruchshaltung	Eher schüchtern, schamhaft, zurückhaltend, gehemmt, ängstlich, depressiv, Opferrolle
Selbsterhöhung ist offen beobachtbar	Selbsterhöhung im Verborgenen
Negatives Selbstbild wird durch Größenfantasien kompensiert	Schwankender Selbstwert / Negatives Selbstbild tritt offen zutage
Eher extrovertiert	Eher introvertiert
Neigung, Ansprüche durchzusetzen	Altruistische Fassade / Betonte Bescheidenheit / Beschämtes Leugnen zwischenmenschlicher Bedürfnisse
Arrogante Überheblichkeit	Unterwürfigkeit
Ausbruch bei Kränkung	Hohe Sensitivität für Misserfolg führt zur Vermeidung von Kontakten / Versuch, durch Einstimmung und Empathie Kritik anderer zu vermeiden

Grandioser Narzissmus (eher offen)	**Vulnerabler Narzissmus (eher verdeckt)**
Selbstzweifel werden auf andere projiziert	Selbstzweifel werden gespürt
Selbstdarstellerisch	Im Zentrum zu stehen, wird vermieden
Zwanghafter Kampf um Autonomie – bis zur Kontaktvermeidung	Versuch, durch Anpassung Anerkennung zu bekommen, klammern
Hinter dem Größenwahn lauert die Depression	Hinter der Depression verbirgt sich die Grandiosität
»Ich bin der Größte und die anderen sind nichts.«	»Ich bin nichts und die anderen sind alles.«
Idealisiert sich, wertet andere ab	Idealisiert andere, wertet sich selbst ab
Egoismus, Rücksichtslosigkeit	Hohe Sensitivität gegenüber den Bedürfnissen und Reaktionen anderer / Suche nach Zustimmung und Zugehörigkeit
»Man-selbst-Sein« ist wichtiger als Bindung an andere	Bindung an andere ist wichtiger als »Man-selbst-Sein«
Scham wird versteckt und verdrängt	Scham gehört zum Charakter
Aggressiv	Passiv-aggressiv / aggressiv gegen sich selbst

Peichl[10] beschreibt diese beiden Typen bildlich folgendermaßen:

Superman	**Mutter Teresa**
Grandioser, offener, männlicher, dickhäutiger, kalter Narzissmus	Vulnerabler, verdeckter, weiblicher, dünnhäutiger, warmer Narzissmus oder Komplementär-Narzissmus, also Narzissmus unter umgekehrten Vorzeichen: Wo beispielsweise der Narzisst im Mittelpunkt stehen will, möchte der Komplementär-Narzisst sich für den anderen ganz und gar zurücknehmen.

Menschen aller Geschlechter können beide Arten von Narzissmus aufweisen. Bezeichnungen wie *weiblicher Narzissmus* sind daher irreführend. Zwar prägen die überlieferten Geschlechterrollen, wie sich der Narzissmus bei Menschen äußert, doch ändert sich dies zunehmend mit dem Aufweichen dieser Rollen.

Superman oder Mutter Teresa? Kommt dir einer dieser beiden Charaktere bekannt vor? Oder steckst du im Wechsel mit beiden in einer Beziehung?

Beschreibe je ein typisches Beispiel:

Superman/Superwoman

Mutter Teresa/Vater Teresa

Narzisstische Eigenschaften

Das Klischee besagt, dass narzisstische Menschen nach Macht streben und daher potenziell unter den besonders Erfolgreichen anzutreffen sind – auch wenn das natürlich nicht immer der Fall ist. In der Literatur werden narzisstische Menschen zuweilen nach Erfolg unterschieden.[11]

Erkennst du etwas wieder? – Markier es und notier ein Beispiel!

Erfolgreich	Erfolglos	Beispiel
Kompensation der Selbstzweifel durch Leistung	Keine Bemühungen, die Selbstzweifel zu kompensieren, daher keine Erfolge	
Trotz Erfolg Selbstzweifel & Unzufriedenheit	Illusionäres positives Selbstbild: z. B. *»Wenn ich wollte, könnte ich alles erreichen«*	

Hier findest du einige typische Eigenschaften und Verhaltensweisen. Welche erkennst du wieder? – Kreise sie ein!

innere Leere	hohe Kränkbarkeit	unterbricht andere
Langeweile	nicht kritikfähig	redet viel
weicht Blick aus	keine Selbstreflexion	redet nur von sich
charismatisch, gutaussehend, redegewandt, begabt oder auf andere Weise begeisternd	wenig Empathie oder kein emotionales Mitfühlen oder nur, wenn es nützlich ist	feindliches »Dagegen«-Sein / oppositionelles Trotz- und Verweigerungsverhalten
wenig Resonanz	von sich überzeugt	ist eifersüchtig
zeigt wenig echtes Interesse	psychopathisches Starren	schuld sind die anderen
kaum enge Beziehungen	verantwortungslos/sorglos	wenig kompromissbereit
hat einen »Fanclub«	lügt	braucht Bestätigung
Opferrolle	kritisiert gern	wirkt jung/unreif
fast nie Single	passiv-aggressiv	legt Wert auf Status
flache Gefühle (abgesehen von Scham und/oder Rage)	verspätet, vergesslich oder ungeschickt als passiv-aggressive Strategie	füllt die innere Leere mit Ablenkung, Thrill, Beschäftigung
ist neidisch	macht andere eifersüchtig, betrügt	hat ein Suchtproblem

Narzisstische Manipulationstechniken

Narzisstische Menschen verwenden – mal mehr, mal weniger bewusst – *Manipulationstechniken*, weil sie keine konstruktiven Strategien gelernt haben, um ein *positives Selbstbild* und ihr *Selbstwertgefühl* aufrechtzuerhalten. Sie brauchen ihr Umfeld, um *narzisstische Zufuhr* zu kriegen: einen Booster fürs Ego. Bewundert werden oder jemanden runterputzen – beides würde diesen Zweck erfüllen: sich wertvoll und wichtig fühlen.

Welche der folgenden Manipulationsstrategien narzisstischer Menschen kommen dir aus deiner Partnerschaft bekannt vor?

Vielleicht möchtest du beispielhaft je eine typische Situation von euch beschreiben und analysieren, um beim nächsten Mal gleich zu merken, dass du manipuliert wirst? Außerdem gibt es hier etwas Raum, um dir *Selfcare-Strategien* für das nächste Mal bereitzulegen.

Kleingedrucktes: Die meisten Menschen haben in ihren schlechten Momenten schon mal beleidigt geschwiegen, abfällig über andere geredet, fremdgeflirtet oder im Versuch, zu beruhigen, ein Erlebnis heruntergespielt. Dazu muss man nicht narzisstisch sein. Die *Häufung* ist das, was uns stutzig machen sollte.

Manipulationsstrategien

Gaslighting

Beispiel: Als ich ansprach, dass er mich mit der Aussage »Du bist nicht mehr attraktiv!« verletzt hatte, behauptete er, das nie gesagt zu haben, und ließ mich damit an meiner Wahrnehmung zweifeln.

Dein Beispiel:

____

____

____

Bei Gaslighting kann *Validation* deiner Perspektive durch den Blick einer Vertrauensperson helfen. Kennst du jemanden, der dir dabei helfen kann, deiner Wahrnehmung wieder zu vertrauen?

Deine Selfcare-Strategie:

____

____

____

Silent Treatment / Stillebehandlung / Bestrafung durch Schweigen

Beispiel: Als ich angesprochen habe, dass sein Alkoholkonsum mir Sorgen macht, hat er eine Woche lang nicht mit mir geredet.

Dein Beispiel:

____

____

____

Silent Treatment kann uns sehr wehtun, weil Ausschluss aus der Gemeinschaft für uns soziale Wesen sehr schmerzhaft ist. Mach deutlich, dass du gesprächsbereit bist, und dann lass los! Es ist nicht deine Verantwortung, die Harmonie wieder herzustellen. Grenz dich so gut wie möglich ab: Geh an einen Ort, an dem du dich wohlfühlst und an dem dich das strafende Schweigen nicht erreicht. Lenk dich ab und lass es dir gut gehen! Wie könnte das konkret aussehen?

Deine Selfcare-Strategie:

____

____

____

Stonewalling / Mauern / Themen abblocken & aus dem Kontakt gehen

Beispiel: Als wir uns gestritten haben, wollte ich das klären, aber sie ging einfach aus dem Zimmer und es war klar, dass ich das Thema nicht mehr ansprechen sollte.

Dein Beispiel:

Stonewalling kann unter anderem dazu benutzt werden, dass bestimmte Themen, Bedürfnisse und Probleme nicht mehr angesprochen werden können. Das kann dazu führen, dass deine Anliegen nicht mehr berücksichtigt werden. Wie kannst du im Kontakt oder in Eigenregie dennoch gut für dich sorgen – obwohl dein Gegenüber sich nicht beteiligt?

Deine Selfcare-Strategie:

Projektion

Beispiel: In den ersten Wochen behandelte er mich, als sei ich eine Göttin. Jetzt habe ich das dumpfe Gefühl, er hält mich für faul und egoistisch.

Dein Beispiel:

Am Anfang einer Beziehung projizieren narzisstische Menschen ihr grandios übersteigertes Selbst auf andere, sie *idealisieren*. Im späteren Beziehungsverlauf sehen sie im Gegenüber meist ihre eigene Mickrigkeit – ein *Abwehrmechanismus*: Was sie bei sich nicht ertragen, schreiben sie anderen zu. Deshalb sind es oft narzisstische Eigenschaften, die uns zugeschrieben werden.

Frag dich daher, ob mit diesem Vorwurf vielleicht gar nichts über *dich* gesagt wird, sondern über den Menschen, der dir diesen Vorwurf macht.

Du könntest auch Vertrauenspersonen zu Rate ziehen und Feedback einholen, ob sie dich auch als faul, egoistisch, oder was immer dir vorgeworfen wird, erleben.

Deine Selfcare-Strategie:

___

___

___

Entwertung

Beispiel: Als ich mich zum Salsa-Kurs angemeldet habe, hat sie gesagt, dass ich vielleicht mit einem weniger anspruchsvollen Tanz einsteigen sollte, um mich nicht zu überfordern.

Dein Beispiel:

___

___

___

Es ist schwer, sich in einer narzisstischen Beziehung keine Delle im *Selbstwertgefühl* zu holen. Selbst wenn wir uns gegen negative Aussagen über uns selbst wehren, können sie uns dennoch treffen und nachhaltig beeinflussen. Es ist keine Dauerlösung, solche Aussagen kritisch zu hinterfragen und viel zu tun, was den eigenen Selbstwert stärken kann. Damit stoßen wir an Grenzen. Auch wenn wir uns mit Menschen umgeben, die uns spiegeln, wie wertvoll wir für sie sind, kann das nur einen vorübergehenden Ausgleich schaffen. Langfristig ist es wichtig, uns dem Einfluss von Menschen zu entziehen, die uns kleinmachen. Aber bis dahin tu alles, was geht, um dem Sog zu widerstehen, in diese Kritik an dir selbst einzustimmen. Was könnte das sein?

Deine Selfcare-Strategie:

Mindreading (zwei Formen)

Beispiel 1: Sie meinte, wenn ich sie wirklich lieben würde, wüsste ich, was sie sich wünscht.
Beispiel 2: Sie sagte, sie wisse genau, was meine Beweggründe seien: Ich sei ein schlechter Mensch.

Deine Beispiele:

1. Narzisstische Menschen sehen uns als Verlängerung ihrer selbst. Logisch, dass sie ungehalten reagieren. Denn die Wunscherfüllung verliert an Wert, wenn der Wunsch erst *geäußert* werden muss, statt von den Augen abgelesen zu werden. Dieses Missverständnis ist zwar auch unter nicht narzisstischen Pärchen verbreitet, doch hier besonders charakteristisch. Lass dir das nicht einreden: *Bedürfnisse müssen kundgetan werden.* Punkt.
2. Außerdem meinen narzisstische Menschen, uns besser zu kennen als wir uns selbst. Und sie lassen sich in ihrer Interpretation unseres Verhaltens und unserer Motive auch nicht korrigieren.

Im Kontakt hilft die innere Haltung »*Wenn du noch immer nicht weißt, wer ich bin, kann ich dir auch nicht helfen!*«. Lass dich nicht in eine Rechtfertigungsposition manövrieren.

Wenn du langsam beginnst, an dir selbst zu zweifeln, vergegenwärtige dir, was andere über dich denken, was deine bisherigen Erfahrungen für ein Bild ergeben: Stimmen diese Sichtweisen mit dem Bild von dir überein, das dir in deiner Partnerschaft vermittelt wird?

Deine Selfcare-Strategie:

Schuldumkehr

Beispiel: Er meinte, er hätte mich nur deshalb angeschrieen, weil ich ihn so auf die Palme gebracht hätte.

Dein Beispiel:

Achte darauf, welche Schuhe du dir anziehst! Wenn es dich nicht in Gefahr bringt und die Spannungen zwischen euch nicht über ein erträgliches Maß hinaus steigert, lehne es künftig ab, Verantwortung für Dinge zu übernehmen, die nicht (oder nicht allein) auf *dein* Konto gehen.

Wenn das zu heikel ist, hol dir Validation von Vertrauten, die dir dabei helfen, zumindest *innerlich* nicht die Verantwortung für Dinge zu übernehmen, für die du nichts kannst.

Deine Selfcare-Strategie:

Baiting/Provokation

Beispiel: Sie hat beim Klamottenkaufen so lange über meine Gewichtszunahme gestichelt, bis ich aus der Haut gefahren bin – für sie ein Beweis dafür, dass man mit mir nicht reden kann.

Dein Beispiel:

Setz klare *Grenzen*, etwa so: »*Wenn du noch einen Witz über meine Figur machst, beende ich den Einkaufsbummel.*« Wichtig: Zieh die angekündigten Konsequenzen dann auch durch.

Wie kannst du in deinem Beispiel klare Kante zeigen?

Deine Selfcare-Strategie:

Focus Shifting / Ablenkung

Beispiel: Als ich ihn fragte, ob er sich wieder mehr daran orientieren könne, dass wir den Haushalt 50/50 machen wollen, begann er mir aufzurechnen, was ich im ersten Jahr unserer Partnerschaft alles zu tun versäumt hatte.

Dein Beispiel:

Bevor du ein Gespräch beendest, vergewissere dich, ob das besprochen wurde, was dir am Herzen lag. Lass nicht zu, dass vom Thema abgelenkt wird. Sätze wie »*Das ist jetzt nicht das Thema!*« oder »*Darüber können wir gern ein andern Mal sprechen*« oder »*Ich würde gern beim Thema bleiben*« können dir dabei helfen.

Achtung! Dieses neue Verhalten kann den Konflikt verschärfen. Pass auf dich und deine Grenzen auf!

Was wirst du nächstes Mal tun, wenn abgelenkt wird – oder du sogar als Bonus noch die Schuld bekommst?

Deine Selfcare-Strategie:

____

____

____

Wortsalat

Beispiel: Als ich ansprach, dass ich mir wieder mehr Quality-Time wünsche, hat er einen wirren Monolog gehalten, von dem ich gar nicht mehr sagen könnte, worum es eigentlich ging. Hinterher war meine Bitte jedenfalls vom Tisch und ich war völlig durcheinander.

Dein Beispiel:

____

____

____

Wortsalat ist eine *Verwirrtaktik* mit dem Ziel, uns vom Thema abzubringen. Lass das nicht zu, sondern erinnere dich daran, was du eigentlich besprechen wolltest. Leg dir hier ein paar *Formulierungen* dafür zurecht, zu deinem Punkt zurückzukommen:

Deine Selfcare-Strategie:

____

____

____

Leugnen, attackieren und Opfer-Täter-Umkehr

Diese Strategien sind auch bekannt unter der Abkürzung DARVO (von Deny, Attack & Reverse Victim and Offender).
Beispiel: Als ich ihn damit konfrontierte, dass ich ihn mit einer anderen gesehen habe, leugnete er das zunächst, dann ging er zum Gegen-

angriff über und behauptete, das sei eine Reaktion auf meinen Flirt mit meinem Arbeitskollegen (der übrigens nie stattgefunden hat – außer in seiner Fantasie).

Dein Beispiel:

Lass dich nicht provozieren. Rechtfertige dich nicht.

Wenn du magst, kannst du *einmal* richtigstellen. Dann komm zu deinem Punkt zurück, von dem abgelenkt werden soll. Beende das Gespräch, wenn es sich im Kreis zu drehen beginnt.

Achtung! Hier kann die narzisstische Verteidigung heftig werden. Achte auf dich!

Wie könnte dein Vorgehen aussehen?

Deine Selfcare-Strategie:

Triangulierung/Triangulation/Dreiecksbildung

Beispiel: Sie behauptete, meine Freunde würden mich anstrengend finden. Mir nahm das die Lust, etwas mit ihnen zu unternehmen. So blieb ich mehr bei ihr zu Hause.

Dein Beispiel:

Wenn du überprüfen möchtest, ob es sich um Triangulierung handelt, wenn dir gesagt wird, was Dritte über dich denken, frag dein

Gegenüber nach der Motivation dafür, und prüfe, ob du die Antwort uneingeschränkt glauben kannst.

Versuch dich mehr auf *deine eigenen Erfahrungen* zu verlassen als auf die deines Gegenübers: Wie war *dein* Gefühl? Wie waren diese Menschen zu *dir*?

Halte die Augen nach Dreiecken offen und lass dich nicht zu einem Punkt dieser geometrischen Form machen. Bleib bei Zweierbeziehungen. Kläre Unstimmigkeiten *direkt* – mit deinem Partner/deiner Partnerin oder mit der dritten Person.

Was funktioniert für dich?

Deine Selfcare-Strategie:

___

___

___

(Micro-)Cheating/Eifersüchtigmachen & Fremdgehen

Beispiel: Er hat gesagt, solche leckeren Schnitten wie die am Strand neulich hätte er auch gern im Bett – aber gegessen würde natürlich zu Hause.

Dein Beispiel:

___

___

___

Auch Fremdgehen und Eifersüchtigmachen sind *Triangulationsstrategien*. Beobachte, ob dein Gegenüber etwas tut, um dir deine Sorgen zu nehmen – oder ob das Gegenteil der Fall ist. Die Reaktion sagt dir viel darüber, ob euer Miteinander tragfähig ist.

Wie läuft das bei euch, wenn du mitteilst, dass du eifersüchtig bist? Hilft dir das Verhalten des Menschen an deiner Seite dabei, wieder Vertrauen zu fassen? Wie kannst du da zukünftig besser für dich sorgen?

Deine Selfcare-Strategie:

___

___

___

Isolation

Beispiel: Als wir heirateten, zog ich auf ihr Drängen hin zu ihr aufs Land und war somit abgeschnitten von all meinen sozialen Netzwerken. Außerdem machte sie mir meine Freunde madig.

Dein Beispiel:

___

___

___

Um nicht zunehmend von anderen Perspektiven auf deine Partnerschaft abgeschnitten zu sein, ist es wichtig, dass du Kontakte zu Menschen, die dir guttun, pflegst. Und dass du deine Gefühle bezüglich deiner Partnerschaft mit Vertrauten teilst. Wer käme dafür in Frage? Und was könntest du tun, um deine Kontakte wiederaufleben zu lassen, zu halten oder zu intensivieren?

Deine Selfcare-Strategie:

___

___

___

Future Faking / falsche Versprechungen

Beispiel: Er hat gesagt, er verlässt seine Frau und zieht zu mir – aber bis heute hält er unsere Beziehung geheim und macht keine Anstalten, sich zu trennen oder auszuziehen.

Dein Beispiel:

___

___

___

Wichtig ist, dass du deine eigenen Grenzen kennst. Steck sie ab! Setz dir nötigenfalls eine Deadline, wie lange du höchstens darauf warten willst, bis Versprochenes eingehalten wird. Halte dich an deine eigenen Fristen – wenn es nötig ist, vereinbare einen Coaching-Termin, damit du sie nicht aufweichen lässt. Was könnte dir dabei helfen, deine Grenzen zu wahren?

Deine Selfcare-Strategie:

___

___

___

Sabotage wichtiger Anlässe

Beispiel: Unsere gemeinsamen Ferien sind eigentlich immer total anstrengend und eine Aneinanderreihung von Streits. Jedes Mal ist es, als würde zu Urlaubsbeginn ein Schalter umgelegt, und sie findet irgendeinen Aufhänger, um sich aufzuregen.

Dein Beispiel:

___

___

___

Sorg dafür, dass du dich erholen kannst und dass deine wichtigen Momente geschützt sind. Wenn du erlebst, dass deine Sternstunden immer wieder sabotiert werden, finde Umgehungen: Fahr mal allein in den Urlaub. Feiere den Geburtstag nur mit den Mädels. Oder buch dich vor dem Bewerbungsgespräch in einem Wellness-Hotel ein, wo du auftanken kannst. Was wäre gut für dich?

Deine Selfcare-Strategie:

Narzisstische Amnesie

Beispiel: Neulich Abend hat er mich schlimm zusammengefaltet und am nächsten Morgen tat er so, als sei das nie passiert, und redete über Belanglosigkeiten.

Dein Beispiel:

Prüfe, ob die Situation sicher ist und ob du energetisch gut aufgestellt bist, denn diese Gegenmaßnahme könnte die Situation eskalieren lassen. Falls du dafür gewappnet bist, nimm kein Blatt mehr vor den Mund: Sag, was noch angesprochen werden muss, und gib deinen Gefühlen Raum.

Beobachte, ob Entschuldigungen, *Reparatur* und konkrete Schritte zur Veränderung folgen oder ob alles beim Alten bleibt.

Ist das zu aufreibend, schreib deine Wahrheit auf, damit sie dir nicht wegrutscht. Du kannst sie auch mit Vertrauten teilen.

Deine Selfcare-Strategie:

Narzisstischer Neglect/Vernachlässigung

Beispiel: Als ich überraschend ins Krankenhaus musste, habe ich allein meine Tasche gepackt und bin allein hingefahren, meine Frau hat mich erst Tage später besucht.

Dein Beispiel:

In harten Zeiten kann man sich plötzlich ganz schön allein fühlen, wenn man mit einer narzisstischen Person zusammenlebt, die zu Vernachlässigung neigt. Mach dich davon unabhängig: Wer kann dich alternativ ins Krankenhaus fahren, besuchen, dein Notfallkontakt sein, dir menschliche Nähe spenden usw.?

Deine Selfcare-Strategie:

Drohungen

Beispiel: Als ich sagte, dass ich in der Partnerschaft nicht glücklich bin, meinte sie, sie würde sich das Leben nehmen, wenn ich sie verlasse.

Dein Beispiel:

Drohungen können uns nur treffen, wenn wir uns von ihnen beeindrucken lassen. *Die Androhung von Selbstverletzungen und Suizid sollte man allerdings immer ernst nehmen.* Die Faustregel »*Wer drüber spricht, tut es nicht!*« ist ein Mythos. Aber es ist wichtig, sich klarzumachen: *Es ist nicht unsere Verantwortung, was andere Menschen tun.* Durch so etwas sollten wir uns auf keinen Fall beeinflussen lassen.

Wenn wir selbst oder unsere Lieben bedroht werden, ist es wichtig, damit nicht allein zu bleiben. Such dir Rat – zum Beispiel bei den Kontakten im Anhang.

Was wirst du tun, um dich von der Verantwortung, die dich halten soll, zu befreien?

Deine Selfcare-Strategie:

Emotionale Erpressung / Schuldgefühle machen

Beispiel: Als er krank war, habe ich ihn gepflegt. Als ich eine Grenze setzte, um meine Arbeit zu schaffen, sagte er, das habe er nie von mir gedacht, dass ich so selbstsüchtig sei.

Dein Beispiel:

So machst du diese Manipulation unschädlich: Mach dir bewusst, was gespielt wird! Das kannst du auch mit einer Vertrauensperson zusammen analysieren: Wie werden deine Knöpfe gedrückt, um dich zu etwas zu bringen bzw. um dich von etwas abzuhalten? Wo hast du »Knöpfe«? Und wie kannst du sie ausschalten?

Deine Selfcare-Strategie:

Stalking

Beispiel: Nach der Trennung fand ich bei der Arbeit plötzlich jeden Tag Rosen auf meinem Schreibtisch.

Dein Beispiel:

Wenn du Stalking erlebst, gilt es als Allererstes, deine Sicherheit zu gewährleisten. Wende dich an eine passende Anlaufstelle aus der Liste im Anhang. Was kann sonst noch zu deiner Sicherheit beitragen? Kannst du zum Beispiel an einen sicheren Ort fahren oder in sicherer Gesellschaft bleiben?

Deine Selfcare-Strategie:

Kontrolle

Beispiel: Als sie immer fragte, wo ich sei und was ich mache, dachte ich, das sei Interesse an mir. Dass sie versuchte, mich zu kontrollieren, habe ich erst gemerkt, als sie meine E-Mails gehackt hatte.

Dein Beispiel:

Kontrolle beginnt subtil, kann aber sehr gefährlich werden. Such dir im Zweifel Beratung bei einer der Anlaufstellen im Anhang. Wer aus deinem Netzwerk kann dich zusätzlich unterstützen?

Deine Selfcare-Strategie:

Viele der hier vorgeschlagenen Gegenmaßnahmen können bedeuten, dass der Konflikt zwischen euch sich weiter verschärft. Bitte stell vorab sicher, dass dir nichts passieren kann und dass du ausreichend Kapazitäten hast, mit den eventuell steigenden Spannungen umzugehen.

Grundsätzlich ist es nicht verkehrt, die Konfrontation zu riskieren. Im Gegenteil: Wenn wir ihr nicht ausweichen, sehen wir klarer, wie unser Gegenüber tickt. Und wir merken, ob es da eine Bereitschaft gibt, mit uns Lösungen und Kompromisse zu finden, oder nicht. Das kann eine wesentliche Grundlage für unseren Entscheidungsprozess darstellen.

Was sind deine Beobachtungen? Was verändert sich, wenn du die hier vorgeschlagenen Strategien ausprobierst?

Wie reagiert dein Gegenüber?

Was sagen dir diese beiden Beobachtungen über deine Partnerschaft?

Aus dem Topf springen: Merkmale und Phasen toxischer Beziehungen

Die eigene Beziehungshistorie

Charakteristisch für narzisstische Beziehungen ist unter anderem ihr Verlauf. Wenn du dich fragst, ob du in einer solchen Verbindung steckst, kann es daher aufschlussreich sein, zu untersuchen, wie sich eure Dynamik über die Zeit entwickelt.

Folgende Fragen können dir dabei helfen, einen Blick zurückzuwerfen:

- Wie habt ihr euch kennengelernt?
- Wie und wie schnell wurdet ihr ein Paar?
- Wie war euer Kontakt am Anfang der Beziehung?
- Und wie hat er sich eventuell im Laufe der Zeit verändert?
- In was für einer Phase seid ihr heute – und seit wann?

Hier kannst du eure Entwicklung skizzieren:

- als symbolisches Bild (zum Beispiel ein Weg über sanftes oder unwegsames Gelände),
- als Diagramm (z.B. in einem Koordinatensystem mit einer Zeitachse und einer Achse für die Güte des Miteinanders oder deines Glücks),
- als Text.

Nutze ruhig alle drei Varianten. Gut möglich, dass sie jeweils andere Perspektiven eröffnen.

Die Entwicklung eurer Beziehung als Bild

Eure Beziehung als Diagramm

Eure Beziehung als Text

Phasenprüfer

Typischerweise verlaufen narzisstische Beziehungen nach einem ungefähren Muster, das sich in drei bis vier Phasen abbilden lässt.

Hier kannst du überprüfen, ob du etwas davon wiedererkennst, und es einkreisen:

Phase 1: Lovebombing- oder Idealisierungs-Phase

• Große Begeisterung am Anfang • Es ist zu schön, um wahr zu sein • Du wirst idealisiert • Du bekommst viele Nachrichten • Ihr telefoniert oft oder trefft euch online • Ihr habt extrem viel Kontakt • Es ist sehr intensiv • Schnelle Schritte Richtung Bindung (z.B. Sex, sich als Paar definieren, Eltern kennenlernen, zusammenziehen, verloben, heiraten, Kinder, gemeinsame Gründung) • Du hast das Gefühl, noch nie so geliebt worden zu sein • Deine größten Wünsche scheinen sich zu erfüllen • Du wirst mit Bestätigung (Komplimente, Geschenke ...) überhäuft • Oder du überschüttest selbst dein Gegenüber mit Liebe, um es für dich zu gewinnen – ein Reflex, den vernachlässigender Narzissmus zuweilen auslöst • Es scheint Seelenverwandtschaft zu sein! • Deine Intuition warnt dich, aber du hörst nicht drauf • Manche Erlebnisse machen dich stutzig, doch du schaust weg

Phase 2: Devaluations-Phase – Entwertung

• Emotionale Achterbahn • Gute und schlechte Momente wechseln sich ab • Ihr nennt es Liebe, aber es fühlt sich nicht so an • Du wirst schleichend und eventuell unmerklich und subtil entwertet • Dein Selbstvertrauen leidet • Du fragst dich, ob ihr eine schwierige Phase durchmacht • Es geht dir nicht gut • Deine Grenzen werden aufgeweicht • Deine Bedürfnisse werden in der Partnerschaft nicht berücksichtigt • Das Interesse an dir lässt nach • Deine Klärungsversuche scheitern • Probleme sind immer allein *deine* Probleme • Es gibt keine Entschuldigungen • Oder Entschuldigungen bleiben ohne Verhaltensänderung • Du neigst zu Selbstoptimierung, um Liebe zu verdienen

Phase 3: Discard-Phase – Ausschuss/Abschuss

• Dein Bild von deinem Lieblingsmenschen passt immer weniger zu seinem Handeln • Es fühlt sich an, als wärst du deinem Gegenüber nichts mehr wert • Du wirst eifersüchtig gemacht • Deine sogenannte bessere Hälfte geht fremd oder du fürchtest das zumindest • Du bist am Rand deiner Kraft • Du tust Dinge, auf die du nicht stolz bist (z. B. zurückschreien, spionieren) • Du erkennst deinen Schatz nicht wieder • Auch wenn es verdeckt begann, nun gibt es zunehmend auch offenen Ausdruck narzisstischer Verhaltensweisen • Es scheint, als solle dich das unmögliche Verhalten zu einer Trennung bewegen • Es wird immer unerträglicher • Du fragst dich, was los ist • Du trennst dich, um dich zu retten • Oder du wirst verlassen • Du wirst durch einen anderen Menschen ersetzt • Klärung und ein runder Abschluss bleiben unmöglich • Oder ihr bleibt zusammen, weil Stabilität nicht unbedingt mit Qualität einhergeht

Phase 4: Hoovering – Wiedereinsaugen

• Neue Chancen, neue Versuche • Es wird zur On-off-Beziehung • Die Runden auf dem Drama-Karussell werden immer kürzer und heftiger • Du kannst nicht loslassen • Die narzisstische Person wirft immer wieder ihre Angel aus • Du beißt an • Du stellst immer wieder Kontakt her • Gemeinsame Bekannte bringen euch wieder zusammen • Jedes Mal hoffst du, dass es diesmal klappt • Jedes Mal wirst du irgendwann enttäuscht

FAZIT

Findest du den Verlauf eurer Beziehung in diesen Phasen wieder?

Was passt? Wo gibt es Unterschiede zum Phasen-Modell?

Auf und ab: Konditionierung und Liebessucht

Der Missbrauchskreislauf

Mit dem *Missbrauchs-Zyklus (Lenore E. Walker)*[12], einem Modell, das zur Beschreibung der *Dynamik von häuslicher Gewalt* entworfen wurde, lässt sich auch *narzisstischer Missbrauch* darstellen[13]:

Beispiel 1:

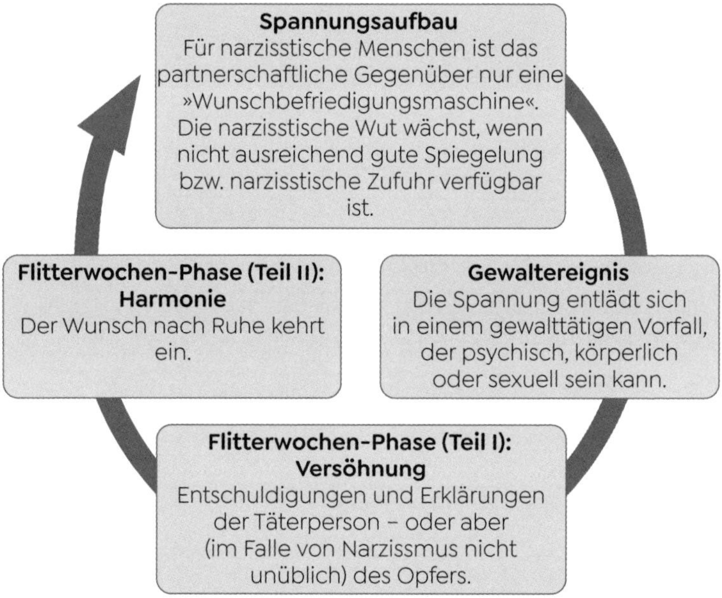

Ich kam von einem Treffen mit einer Freundin nach Hause. Schon im Treppenhaus hatte ich ein mulmiges Gefühl, denn mein Mann hatte anders als sonst nichts von sich hören lassen; keine meiner SMS hatte er beantwortet.

Als ich reinkam, sprach er kein Wort mit mir und ignorierte mich. Keiner meiner Versuche, ihm zu entlocken, was los war, fruchtete. Nach drei Tagen konnte ich nicht mehr und entschuldigte mich da-

für, ihn allein gelassen zu haben. Ich bekam nie ganz raus, was das Problem gewesen war. Vermutlich hatte er gedacht, ich hätte mich mit einem Mann getroffen. Ich sprach es nie an, wollte den Frieden nicht gefährden. Ich bleibe seitdem mehr zu Hause.

Beispiel 2:

Jetzt du:

Du kannst den Kreislauf in einigen Sätzen beschreiben oder die untenstehende Grafik ausfüllen – oder beides.

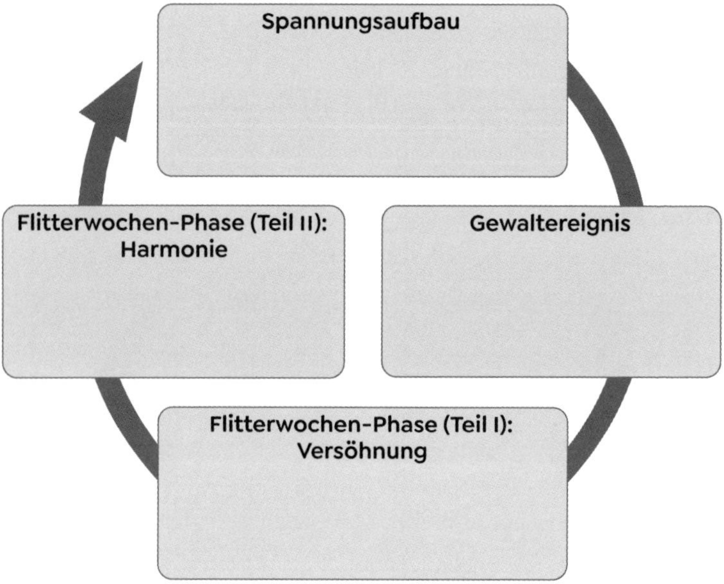

Traumabindung[14]

Eine Traumabindung entsteht durch ein *zyklisches Muster von Missbrauch* in einer *Täter-Opfer-Dynamik*. Diese Bindung wird durch *Konditionierung*, also durch *Belohnung* (Freundlichkeit, Versprechen, Geschenke …) und *Bestrafung* (irgendeine Form von Missbrauch) aufrechterhalten. Der Prozess, bei dem sich diese Bindungen knüpfen, heißt *trauma bonding*: Die *intermittierende Verstärkung* (Belohnung und Bestrafung) ist eine Achterbahnfahrt zwischen guter und schlechter Behandlung. Sie ruft starke Emotionen hervor. Nicht zu wissen, ob das gewünschte Verhalten belohnt wird oder nicht, macht die Belohnung noch begehrenswerter. Es werden noch mehr Glückshormone ausgeschüttet. Wie bei einem Spielautomaten. Das führt zu einer starken emotionalen Bindung.

> *»Aus einer schlechten Verbindung kann man sich schwerer lösen als aus einer guten.«*
>
> Whitney Houston

Meist beginnt alles mit einem Vorfall, der als einmalig wahrgenommen und somit toleriert wird. Dazu trägt auch das fürsorgliche Verhalten der Täterperson im Anschluss an die Episode bei.

Bei späteren Wiederholungen glaubt das Opfer, es könne den Missbrauch durch sein eigenes Verhalten verhindern.

Hat sich dieses missbräuchliche Muster erst eingeschlichen, ist die Bindung bereits so stark, dass das Opfer sich nicht mehr ohne Weiteres lösen kann.

Kommt dir an dieser Beschreibung etwas bekannt vor?
Erlebst du in deiner Partnerschaft Belohnung und Bestrafung?
Wenn ja, wie?

___

___

___

___

Kennst du einige der im Folgenden aufgelisteten Auswirkungen von Traumabindungen auf das Opfer? Sie können während oder auch nach der Beziehung auftreten. Kreuze an, was auf dich zutrifft:

- ☐ Verweilen in missbräuchlichen Beziehungen
- ☐ Rückkehr in missbräuchliche Beziehungen
- ☐ Beeinträchtigung der psychischen Gesundheit
- ☐ negatives Selbstbild, schwaches Selbstwertgefühl
- ☐ Depressionen
- ☐ transgenerationale Weitergabe des Missbrauchs in der Familie von Generation zu Generation
- ☐ Dass man in der Lage sein könnte, die Bindung zu verlassen, erscheint unvorstellbar.
- ☐ wenig Perspektiven, die nicht zur Vertiefung der Traumabindung beitragen
- ☐ emotionale Abhängigkeit von der Täterperson

- [ ] Selbstbeschuldigung
- [ ] *Kognitive Dissonanz*: Das Hin- und Herpendeln zwischen einem guten und einem schlechten Bild der Partnerschaft ermöglicht, das positive Bild davon und somit die Bindung aufrechtzuerhalten.
- [ ] Missbrauch wird »vergessen«, bis er erneut passiert.
- [ ] Bei Trennungen sind Erleichterung, Schmerz und Erschöpfung so groß, dass die Erinnerungen an die guten Zeiten überhandnehmen und damit der Wunsch, zu ihnen zurückzukehren.
- [ ] nach dem Missbrauch Trost suchen bei der Täterperson
- [ ] Allen anderen würde man in dieser Lage raten, sich zu trennen – man selbst kann nicht.

Diese Merkmale ermöglichen keine Diagnostik. Und es gibt keine klare Schwelle, wie viele Kriterien zusammenkommen müssen, um das Vorliegen einer Traumabindung wahrscheinlich zu machen. Doch vielleicht geben sie dir trotzdem ein Gefühl für die Sache:

Was meinst du? Lebst du in einer Traumabindung? Falls ja: Wie geht es dir damit?

____

____

____

____

Ein wichtiger Schutzfaktor, der dabei helfen kann, aus einer traumatischen Bindung auszubrechen, ist soziale Unterstützung. Wer über ein Unterstützungs-Netzwerk verfügt, braucht Unterstützung nicht mehr bei der Täterperson zu suchen. Wer kann dich unterstützen?

____

____

____

____

Emotionaler Missbrauch und seelische Gewalt

Was Menschen in narzisstischen Partnerschaften erleben, ist – wie sich oben schon andeutet – häufig missbräuchlich bzw. gewalttätig zu nennen. Was aber ist Gewalt?

Körperliche Gewalt ist meist recht leicht als solche zu erkennen – z. B.:

- Schlagen
- Stoßen
- Würgen
- Werfen mit Gegenständen
- Bedrohen mit Waffen
- Beißen
- Fesseln
- Essensentzug
- Verbrennen

Bei anderen Formen von Gewalt kann es schwieriger sein, sie zu erkennen. Für *psychische Gewalt* und *häusliche Gewalt* beispielsweise gibt es selbst in der Forschung bislang keine allgemeingültige Definition – übrigens ebenso wenig wie für den Begriff »*toxische Beziehung*«.[15]

Häufigkeit und Folgen seelischer Gewalt werden unterschätzt und finden auch in Gesundheitswesen und Wissenschaft noch immer zu wenig Beachtung. Dabei zahlen Seele und Körper mitunter lebenslang einen hohen Preis für solche Erlebnisse.[16] Insbesondere *psychischer Missbrauch* wird oft verharmlost, ist aber nicht nur der häufigste, sondern womöglich auch der schädlichste.[17] Dabei sind gerade Handlungen wie Ignoranz und emotionale Vernachlässigung, die schwer nachweisbar sind, weil es quasi Nicht-Handlungen sind, besonders traumatisierend.[18]

Darum möchte ich hier zumindest einige Beispiele für Gewalt nennen, die wir vielleicht nicht auf den ersten Blick als solche bezeichnen würden. Dabei ist wichtig zu wissen, dass es gerade bei den nicht körperlichen Formen von Gewalt keine klare Grenze gibt, ab wann etwas Gewalt zu nennen ist. Wann die Schwelle überschritten ist, hängt von vielen Faktoren ab, unter anderem auch vom Empfinden des Opfers[19].

Welche dieser Interaktionen erlebst du in deiner Partnerschaft?[20] Kreuze an und ergänze!

Sexuelle Gewalt

- ☐ Nötigung (beginnt bereits bei subtilem Druck zu sexuellen Handlungen)
- ☐ Weigerung, ein Kondom zu benutzen
- ☐ sexistische Bemerkungen
- ☐ erzwungene sexuelle Handlungen
- ☐ Androhung sexueller Handlungen
- ☐ die Schamgrenzen eines Menschen verletzen
- ☐ jemanden als Sexobjekt behandeln
- ☐ Andere: ______________________

Verbale Gewalt

- ☐ Gefühle negieren oder banalisieren
- ☐ Erniedrigungen (auch mit ruhiger Stimme vorgebrachte)
- ☐ verletzende Witze
- ☐ Schuldzuweisungen
- ☐ Befehle
- ☐ einschüchternde Wutausbrüche
- ☐ Andere: ______________________

Psychische, emotionale bzw. soziale Gewalt

- ☐ Drohungen/Einschüchterungen
- ☐ Ablehnung/Ausgrenzung
- ☐ Feindseligkeit
- ☐ Manipulation, z. B. Gaslighting
- ☐ passiv-aggressives Verhalten

- ☐ Ignorieren / (emotionale) Vernachlässigung
- ☐ Vorenthalten von Zuwendung und Vertrauen / Liebesentzug
- ☐ unterschwellige Gemeinheiten
- ☐ seelisches Quälen
- ☐ emotionale Erpressung
- ☐ Beleidigen/Kränkungen
- ☐ Demütigung/Erniedrigungen vor anderen
- ☐ dem Opfer die Schuld für die Gewalt geben
- ☐ Energie-Vampirismus: Ausnutzen, Ungleichgewicht im Geben und Nehmen, Drohung mit Liebesentzug
- ☐ das Opfer (bei anderen) für verrückt erklären
- ☐ Einschränken von Kontakten
- ☐ Einschränken der Selbstkontrolle
- ☐ Kontrollverhalten, z. B. ausfragen, mit wem man wann zusammen ist
- ☐ soziale Isolation
- ☐ Kinder oder Haustiere als Druckmittel missbrauchen
- ☐ Privilegien ausnutzen
- ☐ eine nahestehende Person wie eine Servicekraft behandeln
- ☐ Entscheidungen für jemanden treffen
- ☐ Auflauern nach einer Trennung (Stalking)
- ☐ täuschen, lügen, verunsichern
- ☐ Miterleben von Gewalt (z. B. wenn Kinder Paargewalt mitbekommen)
- ☐ Andere: ______________________________

Ökonomische Gewalt

- ☐ Finanzielle Abhängigkeit schaffen, z. B. durch Arbeitsverbot
- ☐ Verweigerung von Ressourcen, z. B. den Zugang zum Familieneinkommen einschränken
- ☐ Arbeitszwang
- ☐ Geld wegnehmen
- ☐ Ausgaben kontrollieren
- ☐ Andere: ______________________________

Vernachlässigung

- [ ] Hilfsbedürftige nicht angemessen umsorgen
- [ ] Nicht-Verabreichen oder Falschanwendung von Medikation
- [ ] Ignorieren von Wünschen und Bedürfnissen Pflegebedürftiger
- [ ] feindselige Haltung gegenüber einem Kind
- [ ] Andere: ____________________

Da wir als Gesellschaft wenig für diese Arten von Gewalt sensibilisiert sind, ist es uns möglicherweise gar nicht bewusst, wenn wir sie erleben.

Hast du in den Listen Situationen aus deiner Partnerschaft wiedererkannt?
Wie geht es dir mit dieser – möglicherweise überraschenden oder sogar erschreckenden – Erkenntnis?

____

____

____

____

____

____

____

Möchtest du daraus Konsequenzen ziehen? Wenn ja: Welche?

____

____

____

____

____

____

____

Hinten im Buch findest du Anlaufstellen, die dich gegebenenfalls dabei unterstützen können.

Dein Fazit zu Kapitel 1

Wie stehst du inzwischen zu dem Gedanken »*Ich kann nicht gehen! Denn: Was, wenn es doch nur Paar-Probleme sind?*«

Vielleicht bist du in dieser Frage auch gespalten – dann geh beiden Impulsen auf den Grund:

Teilst du den Gedanken (noch)? Ist er für dich *ein Grund zum Bleiben*? Warum?

Teilst du den Gedanken nicht (mehr)? Ist er für dich *kein Grund zum Bleiben*? Warum nicht?

Was nimmst du aus diesem Kapitel mit? (Wie) Hat sich deine Haltung dadurch verändert?

2.

... und wenn ich doch übertreibe?

Das Bauchgefühl wieder zum Kompass machen

Übertreibe ich?

Viele Menschen, die merken, dass in ihrer Partnerschaft etwas nicht stimmt, landen auf ihrer Suche nach Antworten bei Schlagworten wie »*toxische Beziehung*« oder »*Narzissmus*«. Doch häufig klingen die einzelnen Vorfälle für sich genommen wie Lappalien. Da liegt es nahe, sich die Frage zu stellen: Ist es wirklich so schlimm oder übertreibe ich?

Menschen in solchen Verbindungen wird ohnehin meist suggeriert, sie seien zu empfindlich. Und es wäre ja auch irgendwie tröstlich, wenn allein *das* der Grund für die Sorgen wäre: Es bliebe dann noch etwas Hoffnung, die Partnerschaft vielleicht doch noch zu retten.

Wie stehst du zu dem Gedanken »*Ich kann nicht gehen! Denn: Was, wenn ich bloß übertreibe?*«? Kennst du ihn von dir?

Vielleicht bist du in dieser Frage auch gespalten? Dann geh beiden Impulsen auf den Grund:

Teilst du diesen Gedanken? Ist er für dich *ein Grund zum Bleiben*? Warum?

____

____

____

Teilst du diesen Gedanken nicht? Ist er für dich *kein Grund zum Bleiben*? Warum nicht?

____

____

____

Was möchtest du in diesem Kapitel für dich herausfinden?

____

____

____

Gaslighting: Die fremde Brille absetzen

Wenn du dir selbst nicht mehr vertraust

Im letzten Kapitel haben wir zahlreiche narzisstische Manipulationsstrategien kennengelernt. Um die bekannteste soll es in diesem Kapitel gehen: *Gaslighting*. Gaslighting hat das Ziel, jemanden so sehr zu verunsichern, dass die eigene Wahrnehmung nicht mehr vertrauenswürdig erscheint. Warum? Weil ein Mensch ohne Kompass leichter in die Irre geführt werden kann. Außerdem wird die Abhängigkeit von der Person größer, die die vermeintliche »wirkliche« Wahrheit kennt. Dabei werden dir offen oder versteckt *Du-Botschaften* vermittelt, die dein Selbstbild zum Negativen hin verändern und dein Selbstvertrauen untergraben.

Die folgenden Fragen sollen dir dabei helfen, herauszufinden, ob du in deiner Partnerschaft Gaslighting erlebst.

Schritt 1: Die Folgen von Gaslighting erkennen

Gaslighting ist psychische Gewalt und nicht zu unterschätzen.

Hier findest du einige Merkmale, die eine Folge von Gaslighting sein können.[21] Kreuze an, welche davon du an dir beobachtest.

- ☐ Entscheidungsschwierigkeiten
- ☐ sich hinterfragen
- ☐ Verwirrung
- ☐ das ständige Bedürfnis, andere um Rat zu fragen
- ☐ das Gefühl, verrückt zu werden, psychisch labil zu sein
- ☐ Angst, dement zu werden oder Gedächtnisprobleme zu haben
- ☐ der Impuls, Gespräche mitzuschneiden, um belegen zu können, was das Gegenüber gesagt hat
- ☐ sich nichts mehr zutrauen
- ☐ emotionale Erschöpfung
- ☐ permanentes Sich-Entschuldigen (auch ohne zu wissen, was man falsch gemacht hat)

- [ ] Worte werden lang zurechtgelegt, um nicht wieder missverstanden zu werden.
- [ ] Selbstwertprobleme
- [ ] weniger Lebensfreude
- [ ] Depressionen
- [ ] Angststörungen
- [ ] Suizidgedanken

Schritt 2: Varianten von Gaslighting

Welche dieser, zum Teil auch sehr subtilen Varianten[22] sind dir in deiner Partnerschaft schon untergekommen? Schreib je ein Beispiel auf:

Gaslighting-Strategie	**Beispiel**	**Dein Beispiel**
Die Zurechnungsfähigkeit des Opfers in Frage stellen	*»Du bist ja verrückt!« »Ich mache mir Sorgen um dich!«*	
Herunterspielen von Gefühlen	*»Stell dich nicht so an! Du bist zu empfindlich!« »Verstehst du keinen Spaß!?«*	
Unterstellungen	*»Du verdrehst immer alles!«*	
Das Erinnerungsvermögen des Opfers in Frage stellen	*»Das habe ich nie gesagt!« »Das war ganz anders!«*	
Als Liebesbekundung getarnt	*»Sei froh, dass du mich hast! (Zwischen den Zeilen: Wer sollte dich sonst lieben?)«*	
Dinge verschwinden lassen	*Der Schlüssel lag eben noch da, jetzt ist er weg. Du fragst dich, ob du dement wirst.*	

Aber auch andere Manipulationsstrategien können Spuren von Gaslighting enthalten – zum Beispiel:

Gaslighting-Strategie	**Beispiel**	**Dein Beispiel**
Schuldumkehr	*»Das ist* dein *Problem!«*	
Abwerten	*»Bist du sicher, dass du das schaffst?«*	
Projektion	*»Du bist immer so dramatisch!«*	
Lästern/Triangulation/Isolieren	*»Das sind keine richtigen Freunde!«*	

Welche weiteren Varianten von Gaslighting beobachtest du?

____

____

____

Schritt 3: Gaslighting, das dich bindet

Gaslighting kann uns in Beziehungen halten, die uns nicht guttun:

Beispiel 1:
»Sei froh, dass du mich hast! (Zwischen den Zeilen: Wer sollte dich sonst lieben?)«
Wenn der Mensch an meiner Seite suggeriert, dass ich dankbar sein sollte, dass er/sie mich liebt, und dass mich sonst niemand lieben würde, traue ich mich nicht, die Partnerschaft zu beenden und nach einem Menschen zu suchen, der mich besser behandelt. Ich verliere den Glauben daran, dass das möglich ist.

Beispiel 2:
»Bist du sicher, dass du das schaffst?«
Wenn das Selbstvertrauen untergraben wird, fällt es schwer, sich zu behaupten. Noch schwerer fällt es, daran zu glauben, nach einer Trennung allein klarzukommen.

Ob oben bereits benannt oder nicht – welche Gaslighting-Botschaften machen es *dir* schwer, dich zu trennen? Wie stellen sie das an?

____

____

____

Zu den Beziehungsbotschaften, die uns halten – einer speziellen Spielart von Gaslighting –, erfährst du im nächsten Kapitel mehr. Doch vorher gibt es hier noch ein paar konkrete Impulse, damit du dich ab sofort besser vor Gaslighting schützen kannst.

Schritt 4: Gaslighting entgegenwirken

Was du tun kannst, wenn du gegaslightet wirst:

- Beobachte, wenn du gegaslightet wirst.
- Benenne in deinem Inneren, was du erlebst: *Das ist Gaslighting!*
- Lass dir deine Wahrnehmung nicht ausreden.
- Du fühlst, was du fühlst – das weiß niemand besser als du.
- Schreib auf, was du erlebst, dann kannst du deine Notizen heranziehen, wenn jemand behauptet, es sei anders gewesen.
- Halte Kontakt mit Vertrauten, die deine Sicht validieren können.

Hast du eigene Strategien im Umgang mit Gaslighting gefunden, die dir helfen?

____

____

____

Beziehungsbotschaften prüfen

Auch was wir über unsere *Partnerschaft* gesagt bekommen, kann dazu führen, dass wir Zweifel an der Richtigkeit unserer *eigenen* Einschätzung bekommen und daher erst mal abwarten – sprich: bleiben.

Beispiel: Neulich habe ich mal wieder versucht anzusprechen, dass es mir in unserer Beziehung nicht gut geht. Er meinte: »Wir sind glücklich!« Und nun frage ich mich wieder, ob ich vielleicht zu hohe Ansprüche habe. Vielleicht muss ich mich einfach damit zufriedengeben, wie es ist.

Hier kannst du solchen Botschaften auf die Spur kommen, indem du die Beispiele vervollständigst und eigene Erlebnisse ergänzt:

Was deine Wahrheit ist (die dir durchs Gaslighting wegrutscht)	Was als Wahrheit dargestellt wird (Gaslighting)	Selbstgaslighting (als mögliche Folge vom Gaslighting)
Ich bin unglücklich.	*»Wir sind glücklich!«*	*Vielleicht habe ich zu hohe Ansprüche?*
Ich bin besorgt über unsere Beziehung und wie sie sich entwickelt.	*»Beziehungen verändern sich eben mit der Zeit!«*	*Ich bin übertrieben besorgt.*

Zuschreibungen korrigieren

Auch was über dich und deine Rolle in der Partnerschaft gesagt (oder suggeriert) wird, kann dich verunsichern und daher binden:

Wenn du an deiner Einschätzung und an dir selbst zweifelst …

- … verharrst du länger in Situationen, die dir nicht guttun.
- … entwickelst du *Schuldgefühle*.
- … versuchst du durch *Selbstoptimierung* die Beziehung zu verbessern.

Kurz: Du wirst manipulierbar. Das kann beispielsweise so aussehen:

Was deine Wahrheit ist (die dir durchs Gaslighting wegrutscht)	**Was als Wahrheit dargestellt wird (Gaslighting)**	**Selbstgaslighting (als mögliche Folge vom Gaslighting)**
Ich möchte einen Konflikt klären und spreche ihn an.	*»Du suchst Streit!«*	*Vielleicht bin ich zu schwierig? Ich sollte das nicht sofort ansprechen und lieber mit mir allein ausmachen.*
Ich leide unter dem Verhalten meines Gegenübers und spreche das an.	*»Das ist dein Problem!«*	*Es liegt an mir, dass es mir nicht gut geht. Ich sollte die Verantwortung für meine Probleme selbst übernehmen und nicht erwarten, dass mein Partner/meine Partnerin sie löst.*
Mir fehlt etwas in meiner Partnerschaft.	*»Du hast zu hohe Ansprüche!«*	

Was ist dein Fazit:
Haben Gaslighting und Selbstgaslighting deinen Blick auf dich selbst getrübt?
Inwiefern hält dich das in der Beziehung?

Selbstgaslighting: Innere Stimmen unterscheiden lernen

Selbstgaslighting erkennen

Second thoughts

Im Englischen gibt es fürs Zweifeln die treffende Wendung »second thoughts«. Nach reiflicher Überlegung zu einer anderen Einschätzung zu kommen, kann natürlich etwas Gutes sein: Ein *Innerer Spätmelder*[23] klopft nach dem Sackenlassen an und eröffnet uns eine Perspektive, die bislang unberücksichtigt blieb. Das macht uns schlauer und – falls es keinen inneren Konflikt gibt – handlungsfähig.

> *»Sie dürfen nicht alles glauben, was Sie denken.«*
>
> Heinz Erhardt

»*Zweite Gedanken*« allerdings fühlen sich mehr so an, wie die Formulierung nahelegt: nach *Gedanken*. Nicht nach etwas, das als *Gefühl* oder *Bedürfnis* aus unserem Inneren kommt. Sie lassen uns *zweifeln*. Und wir eiern rum, tun, was wir nicht tun wollen, verurteilen uns, weil wir nicht tun, was wir tun sollten, und so weiter.

Übrigens: Wie im folgenden Beispiel können uns auch nicht narzisstische Personen gaslighten – aus Versehen oder mit den besten Absichten.

Beispiel: Ich hatte von Anfang an Bedenken, aber meine beste Freundin meinte, das wäre vielleicht der beste Mann, den ich finden kann. Also überging ich mein Bauchgefühl und gab ihm eine Chance.

Ursprüngliches Gefühl von innen:	Bedenken
Gaslighting:	Vielleicht ist das der Beste, den du finden kannst!
Selbstgaslighting:	Ich sollte ihm eine Chance geben, sich zu beweisen! Die Männer stehen nicht grad Schlange!
Typischer Warnhinweis:	Nach dem Gespräch mit meiner Freundin bin ich durcheinander.
Strategie fürs nächste Mal:	Ich lasse mich in Liebesdingen nicht mehr von meiner Freundin beraten oder notiere mir vor einem Gespräch mit ihr, was mein Bauchgefühl sagt, damit ich nicht drüber weggehe.

Jetzt du!

Beispiel: ____

____

____

____

Ursprüngliches Gefühl/Bedürfnis von innen: ____________

____

____

Gaslighting: ____

____

____

Selbstgaslighting: ____________________________________

____

____

Typischer Warnhinweis: ______________________________

____

____

Strategie fürs nächste Mal: ___________________________

____

____

Kritische Stimmen im Inneren

Innere Stimmen oder, wie der Psychologe Friedemann *Schulz von Thun* sie nennen würde, *innere Teammitglieder* werden oft durch Stimmen im Außen geprägt oder verstärkt. Werden wir von anderen verbal oder nonverbal gegaslightet, tauchen diese Annahmen oft als kritische innere Stimme wieder auf. Solche Gedanken kannst du an ihrer Wortwahl erkennen.

Kritische Stimmen lieben:

- sollte
- hätte
- müsste
- despektierliche Zuschreibungen über uns
- Vergleich mit einem Ideal, gegen das wir absinken

Beispiel: Ich sah ihre Blicke, wenn ich sie nicht verwöhnen konnte, wie sie sich das vorstellte – Essen gehen, teure Geschenke und Ähnliches. Sie hat es nie so gesagt, aber in mir tauchte das Gefühl auf, ich solle ein echter Mann sein wie die Partner ihrer Freundinnen, und ordentlich Geld nach Hause bringen.

Ursprüngliches Gefühl von innen:	Keine Geschlechterrollen
Gaslighting:	Wenn du ein echter Mann wärst, würdest du mehr verdienen und mich verwöhnen!

Selbstgaslighting:	Ich sollte männlicher sein und sie nobel ausführen!
Typischer Warnhinweis:	Wenn mein innerer Patriarch zu mir spricht, ist das meist kein guter Ratgeber.
Strategie fürs nächste Mal:	Nächstes Mal könnte ich mich fragen, welche innere Stimme spricht und ob es sich um eine handelt, der ich in dieser Sache trauen sollte.

Jetzt du!

Beispiel: ______________________________

____

____

Ursprüngliches Gefühl/Bedürfnis von innen: ______________________________

____

____

Gaslighting: ______________________________

____

____

Selbstgaslighting: ______________________________

____

____

Typischer Warnhinweis: ______________________________

____

____

Strategie fürs nächste Mal: ______________________________

____

____

Gibt es noch andere typische Merkmale, an denen du persönlich erkennst, wenn du dich selbst gaslightest? Kreise ein und ergänze:

- Ich werde bei Nachfragen defensiv und will die Gegenseite nicht hören, zum Beispiel: *Ich sage meiner Mutter, es ist eine gute Idee, Lisa nach drei Wochen zu heiraten, und schreie sie an, wenn sie Bedenken äußert.*
- *Dein* Beispiel: ______________________________
- Ich habe ein mulmiges Gefühl im Bauch: ______________
- Ich habe immer ein bestimmtes Schmerz-Symptom, nämlich: ______________________________
- Ich erkenne meine kritische Stimme an der Wortwahl: ______________________________
- Wenn ich gelähmt bin, steckt meist mein innerer Kritiker dahinter.

Feldversuch

Hier kannst du, wenn du dich das nächste Mal beim Selbstgaslighting ertappst, deine Beobachtungen festhalten, um daraus zu lernen:

Was ist passiert?

____

____

____

Hat mich jemand von außen gegaslightet?

____

____

____

Wie habe ich mich selbst gegaslightet?

____

____

____

Hat das mein Verhalten verändert?

___

___

Was kann ich dem entgegensetzen?
Wie kann ich zu meiner eigenen Wahrheit zurückfinden?

___

___

___

Den Kompass eichen

Selbstgaslighting haben die meisten Betroffenen nicht erst in der aktuellen Beziehung gelernt. Oft haben wir diese Fähigkeit bereits »mit der Muttermilch aufgesogen«. Das zeigt sich nicht selten in Form entsprechender *Glaubenssätze*, wie zum Beispiel: *»Ich kann meiner Wahrnehmung nicht trauen«* oder *»Ich darf nicht sagen, was ich brauche«*. Solche inneren Imperative führen dazu, dass wir unsere Grenzen und Bedürfnisse übergehen oder sogar zu spüren verlernen.

In Kapitel 7 findest du Techniken, wie du negative Glaubenssätze identifizieren und verändern kannst; sie lassen sich auch auf dieses Thema anwenden.

An dieser Stelle einmal die abgespeckte Version:

Welche *negativen Glaubenssätze* hindern dich daran, deiner Wahrnehmung zu trauen?

Kreise ein und ergänze!

- Ich kann meiner Wahrnehmung nicht trauen.
- Ich bin verrückt.
- Ich bin dafür verantwortlich, dass es anderen gut geht.
- Meine Bedürfnisse sind nicht wichtig.
- Ich darf niemandem zur Last fallen.

Welcher dieser Glaubenssätze ist am wirkmächtigsten – und trotzdem nicht zu unheimlich, um an ihm zu arbeiten?

Welche deiner Handlungen und Erlebnisse werden von diesem Glaubenssatz beeinflusst?

(Wo) siehst du diesen Glaubenssatz in deinem Leben bestätigt? Wirkt er als selbsterfüllende Prophezeiung?

Fantasiere: Wie könnte es aussehen, wenn du mal ganz bewusst *anders* handelst?

Welche Erfahrungen machst du, wenn du tatsächlich mal anders handelst?

Wie ordnest du das ein? Was bedeutet das für dich?

Körperweisheit und Intuition: Das Vertrauen in dich selbst zurückgewinnen

Die innere Beobachterrolle stärken

Eine Mentorin von mir sagt immer: »*If you cannot change it, observe it!*«[24] – »Wenn du es nicht verändern kannst, beobachte es!« Darin steckt viel Weisheit: Wenn wir in einer unaushaltbaren Situation sind, aber momentan nichts daran verändern können, ist Beobachten oft das Einzige, was wir tun können. Und es holt uns auch schon ein Stückchen raus aus dem Zustand, in dem wir uns befinden. Denn wir gehen dabei im besten Sinne auf Distanz zu uns selbst.

Beobachtung ist oft der erste Schritt im Veränderungsprozess. Deshalb soll dich die folgende Audiomeditation[25] dabei begleiten, diese innere Haltung einzuladen. In Momenten, in denen du nicht ertragen kannst, dass du sehenden Auges in einer Lage verharrst, in der du leidest, kann sie eine Zuflucht sein. Und – wer weiß – vielleicht ist sie auch der Schlüssel dazu, dass endlich etwas in Bewegung kommt.

Schritt 1:

Audiomeditation

Hier kannst du die kleine Traumreise runterladen.

www.penguin.de/mueller_verdeckter_narzissmus_001

Schritt 2:
Reflexion der Erlebnisse in der Audiomeditation

Welche Erkenntnisse hast du über dich, dein Leben, seine aktuellen Herausforderungen und deine Partnerschaft gewonnen?

Welche Ressourcen schlummern in dir und möchten entfaltet werden?

Was kannst du tun, um die Weichen zu einem glücklicheren Leben und Lieben zu stellen? Welchen Rat hast du mitbekommen?

Was bedeutet das *konkret* für dich? Welche Konsequenzen ziehst du daraus?

Welchen ersten Schritt in diese Richtung gehst du einleitend? Wann? – Mach Termine mit dir.

Stress lass nach!

Dein Körper weiß, ob es dir gut geht. *Dysfunktionale Partnerschaften* gehen meist mit einem *erhöhten Stresslevel* einher. Schon regelmäßige heftige Auseinandersetzungen bedeuten Stress. Und bei narzisstischen Beziehungen kommt meist noch ein traumatisches Geschehen hinzu.

Umkreise in der folgenden Auswahl die Marker, die du bei dir beobachtest:

Kennzeichen für bzw. Folgen von chronischem Stress z.B. durch Gewalt[26]

- seelische Unausgeglichenheit, Reizbarkeit
- verändertes Essverhalten bzw. Gewicht
- Schlafstörungen
- Probleme, sich zu entspannen
- Übererregung, Anspannung
- Unterspannung
- Wechsel zwischen Übererregung und Unterspannung
- Selbstbetäubung (Tabletten, Alkohol, Essen, Arbeit, Fernsehen etc.)
- Aufputschen (Daueraktivität, *Sensation Seeking*, Arbeit u. Ä.)
- chronische Entzündungen
- erhöhtes Schmerzempfinden
- erhöhtes Risiko für Herzinfarkt und Schlaganfall
- Süchte
- Magenprobleme: sauer Aufstoßen, Reflux, Geschwür
- chronische Schmerzen
- Depressionen
- Ängste
- Suizidgedanken
- Verdauungsträgheit
- Immunschwäche und Infektanfälligkeit

- Diabetes und andere Blutzuckerprobleme
- Bluthochdruck
- Posttraumatische Belastungsstörung

Wie deutest du die Punkte, bei denen du dich hier wiederfindest?

Hast du Stress in der Beziehung? Wodurch wird er verursacht? Wie macht er sich bemerkbar?

Beispiel: Der Stress in der Partnerschaft führt dazu, dass ich mich in Arbeit flüchte – ein Teufelskreis, der mich immer mehr erschöpft! Ich kann mich immer weniger entspannen. Ich putsche mich auf, um zu arbeiten, und trinke, um runterzufahren.

Selbstmitgefühl ist ein gutes Mittel gegen Stress.[27] Gibt es in dir eine Seite, die mit dir mitfühlen kann? Die dich annimmt, so wie du bist? Was würde sie dir gern sagen? Versuch mal, empathisch auf dich einzugehen, als wärst du ein guter Freund oder eine gute Freundin.

Beispiel: Du hast es momentan nicht leicht. Ach, was sag ich! Du hast es seit vielen Jahren nicht leicht. Das ist eine große Belastung für dich. Ich verstehe, wie es dazu gekommen ist, weil ich weiß, wo du herkommst. Bitte mach es dir nicht noch schwerer, indem du dir die Schuld dafür gibst, was du erlebst! Es ist auch so schon hart genug. Ich würde dir so sehr wünschen, dass du ab jetzt etwas besser auf dich aufpassen kannst. Was brauchst du gerade? Jetzt, in diesem Moment? Usw.

Deine empathischen Worte an dich selbst

Wie fühlt es sich an, so liebevoll mit dir selbst zu reden?

In welchen Momenten möchtest du diese Selbstempathie demnächst zu Wort kommen lassen?

Was kannst du heute tun, um dich aus dem Stressmodus rauszuholen?
Beispiel: Einen Spaziergang machen.

Welche täglichen Routinen könnten dir dabei helfen, dir dauerhaft eine gute Balance aus An- und Entspannung zu ermöglichen?
Beispiel: Vor dem Frühstück 15 Minuten Yoga machen.

Welche größeren Interventionen könnten zu deiner Entlastung beitragen?
Beispiele: Auf Kur gehen und eine Traumatherapie machen.

Gut zu wissen: *Selfcare* kann uns einen seelischen Puffer geben, der uns wieder entscheidungsfähiger macht. Doch der enorme Stress, der in einer dysfunktionalen Beziehung entsteht, kann nicht dauerhaft durch Pflaster wie einen Qigong-Kurs ausgeglichen werden. Eine substantielle Besserung kann erst dann eintreten, wenn der toxische Stress endet.

Mut zur Wut![28]

Nicht selten finden sich am empfangenden Ende einer narzisstischen Beziehung Menschen, denen es nicht leichtfällt, ihre Wut auszudrücken. Aus unterschiedlichen Gründen:

- Sie merken lange nicht, dass Grenzen überschritten werden – zum Beispiel, weil sie es von zu Hause gewohnt sind bzw. weil sie zu *People Pleasern* erzogen wurden, die es anderen recht machen wollen.
- Sie verteidigen sich nicht wirkungsvoll, sondern passiv oder übermäßig aggressiv (wie im Fall von reaktivem Missbrauch, wo das Opfer so lange getriezt wird, bis es als Reaktion darauf ausrastet).
- Außerdem kann das, was wir in solchen Partnerschaften erleben, dazu führen, dass wir entweder resignieren oder ängstlich verstummen, da jede Problemansprache scheitert oder die Situation verschlimmert, da der Klärungsversuch bestraft wird.

Narzisstischen Menschen kommt das gelegen. Denn so kommen sie mit ihrem Verhalten lange durch.

Die Wut, die uns vor Grenzverlust schützen und uns mitteilen möchte, dass etwas nicht in Ordnung ist, wird auf diese Weise gegen uns selbst gerichtet:

- Die Wut wird zerstörerisch *nach innen* gerichtet:
  indem wir sie runterschlucken, depressiv werden, zu viel essen, zu viel trinken etc.
- Die Wut wird *nach außen* gerichtet:
  indem wir sie destruktiv gegen andere richten und so noch mehr Probleme erzeugen.

Wenn wir die Wut …

- … nicht fühlen,
- … fühlen, aber unterdrücken,
- … in unkonstruktiven Nörgeleien verpuffen lassen,
- … zu spat und dann aber überschießend in den Kontakt bringen,
- … an anderen, Unbeteiligten auslassen,

verliert sie ihre transformierende Wirkung. Dabei könnte sie uns die Klarheit schenken, für uns einzutreten. Sie könnte der Motor dafür sein, einen Schlussstrich zu ziehen, wenn keine andere Grenze hilft. Darum lohnt es sich, einen Blick auf die eigene Wut zu werfen – oder auf ihr Fehlen:

Welche Überzeugungen hast du über das Wütend-Sein?

Wie bist du gesellschaftlich sozialisiert worden, mit Wut umzugehen? Spielt das Geschlecht dabei eine Rolle?

Was hast du in deiner Familie über Wut gelernt?

(Wie) Beeinflussen dich diese beiden Prägungen noch heute?

Spiel anhand der folgenden Fragen fünf Szenarien in deiner Partnerschaft durch.

Such je ein konkretes Erlebnis und analysiere es:

- Szenario 1: Als ich meine Wut nicht (oder nicht gleich) gespürt habe
- Szenario 2: Als ich meine Wut unterdrückt habe
- Szenario 3: Als ich meine Wut passiv zum Ausdruck gebracht habe
- Szenario 4: Als ich meine Wut übermäßig aggressiv zum Ausdruck gebracht habe
- Szenario 5: Als ich meine Wut adäquat ausgedrückt habe

Szenario 1: Als ich meine Wut nicht (gleich) gespürt habe
Beispiel: Neulich hat meine Partnerin mich »Dickerchen« genannt. Erst ein paar Tage später wurde mir klar, wie sehr mich das getroffen hat.

Nun *dein* Beispiel:

Wodurch wurde deine Wut ausgelöst?

Woran hast du gemerkt, dass du wütend bist?

Wo hast du deine Wut gespürt? Welche körperlichen Empfindungen gingen damit einher?

In welchen Gedanken und Verhaltensweisen hat sich deine Wut ausgedrückt?

___

___

___

Was hat dazu geführt, dass du dir deiner Wut nicht (oder nicht gleich) bewusst geworden bist?

___

___

___

Was hast du getan?

___

___

___

Wie hat das die Situation (in dir und zwischen euch) verändert?

___

___

___

Wann ist dir deine Wut bewusst geworden und wie lange brauchte es, bis sie abgeklungen war?

___

___

___

Auf welche unerfüllten Bedürfnisse hat deine Wut dich hingewiesen?

___

___

___

Sind diese Bedürfnisse durch deine Reaktion erfüllt worden?

Wenn nicht: Was könntest du beim nächsten Mal tun, um deine Bedürfnisse zu erfüllen?

Welche Schlüsse ziehst du aus diesen Erkenntnissen?

Szenario 2: Als ich meine Wut unterdrückt habe
Beispiel: Ich war wütend, weil er mitten im Gespräch wortlos wegging. Aber ich dachte, wenn ich ihm sage, dass ich wütend bin, wird er mich nicht nur anschweigen, sondern zusammenschreien. Also habe ich mir nichts anmerken lassen.

Nun *dein* Beispiel:

Wodurch wurde deine Wut ausgelöst?

Woran hast du gemerkt, dass du wütend bist?

Wo hast du deine Wut gespürt? Welche körperlichen Empfindungen gingen damit einher?

In welchen Gedanken und Verhaltensweisen hat sich deine Wut ausgedrückt?

Was hat dazu geführt, dass du deine Wut unterdrückt hast?

Was hast du getan?

Wie hat das die Situation (in dir und zwischen euch) verändert?

Wann ist dir deine Wut bewusst geworden und wie lange brauchte es, bis sie abgeklungen war?

Auf welche unerfüllten Bedürfnisse hat deine Wut dich hingewiesen?

Sind diese Bedürfnisse durch deine Reaktion erfüllt worden?

Wenn nicht: Was könntest du beim nächsten Mal tun, um deine Bedürfnisse zu erfüllen?

Welche Schlüsse ziehst du aus diesen Erkenntnissen?

Szenario 3: Als ich meine Wut passiv zum Ausdruck gebracht habe
Beispiel: Neulich hat sie mich angeschwiegen. Da habe ich einfach zurückgeschwiegen. Leider kann sie das länger durchhalten als ich. Ich habe mir damit also nur selbst wehgetan.

Nun *dein* Beispiel:

Wodurch wurde deine Wut ausgelöst?

Woran hast du gemerkt, dass du wütend bist?

Wo hast du deine Wut gespürt? Welche körperlichen Empfindungen gingen damit einher?

In welchen Gedanken und Verhaltensweisen hat sich deine Wut ausgedrückt?

Was hat dazu geführt, dass du deine Wut nicht offen angesprochen hast?

Was hast du getan?

Wie hat das die Situation (in dir und zwischen euch) verändert?

Wann ist dir deine Wut bewusst geworden und wie lange brauchte es, bis sie abgeklungen war?

Auf welche unerfüllten Bedürfnisse hat deine Wut dich hingewiesen?

Sind diese Bedürfnisse durch deine Reaktion erfüllt worden?

Wenn nicht: Was könntest du beim nächsten Mal tun, um deine Bedürfnisse zu erfüllen?

Welche Schlüsse ziehst du aus diesen Erkenntnissen?

Szenario 4: Als ich meine Wut übermäßig aggressiv zum Ausdruck gebracht habe

Beispiel: Neulich habe ich ein paar Chipstüten nach ihm geworfen, als er mich wieder einmal wie selbstverständlich allein die Einkäufe einräumen ließ.

Nun *dein* Beispiel:

Wodurch wurde deine Wut ausgelöst?

Woran hast du gemerkt, dass du wütend bist?

Wo hast du deine Wut gespürt? Welche körperlichen Empfindungen gingen damit einher?

In welchen Gedanken und Verhaltensweisen hat sich deine Wut ausgedrückt?

Was hat dazu geführt, dass du dir deiner Wut nicht (gleich) bewusst geworden bist?

Was hast du getan?

Wie hat das die Situation (in dir und zwischen euch) verändert?

Wann ist dir deine Wut bewusst geworden und wie lange brauchte es, bis sie abgeklungen war?

Auf welche unerfüllten Bedürfnisse hat deine Wut dich hingewiesen?

Sind diese Bedürfnisse durch deine Reaktion erfüllt worden?

Wenn nicht: Was könntest du beim nächsten Mal tun, um deine Bedürfnisse zu erfüllen?

Welche Schlüsse ziehst du aus diesen Erkenntnissen?

Szenario 5: Als ich meine Wut gespürt und adäquat ausgedrückt habe
Beispiel: Kürzlich ist es mir gelungen, eine richtige Grenze zu ziehen: Ich wollte einen oft auf meine Kosten wiederholten Witz nicht mehr hören und habe gesagt, dass ich das nie wieder erleben möchte, weil es mich verletzt und wütend macht.

Nun *dein* Beispiel:

Wodurch wurde deine Wut ausgelöst?

Woran hast du gemerkt, dass du wütend bist?

Wo hast du deine Wut gespürt? Welche körperlichen Empfindungen gingen damit einher?

In welchen Gedanken und Verhaltensweisen hat sich deine Wut ausgedrückt?

Was hat dazu geführt, dass es dir gelungen ist, deine Wut konstruktiv auszudrücken?

Was hast du getan?

Wie hat das die Situation (in dir und zwischen euch) verändert?

Wann ist dir deine Wut bewusst geworden und wie lange brauchte es, bis sie abgeklungen war?

Auf welche unerfüllten Bedürfnisse hat deine Wut dich hingewiesen?

Sind diese Bedürfnisse durch deine Reaktion erfüllt worden?

Wenn nicht: Was könntest du beim nächsten Mal tun, um deine Bedürfnisse zu erfüllen?

Welche Schlüsse ziehst du aus diesen Erkenntnissen?

Ein Brief von der Wut

Wenn dir deine Wut einen Brief schreiben würde, was hätte sie dir zu sagen?

Wie geht es dir damit, das von deiner Wut zu hören?

Was willst du daraus machen?

Dein Fazit zu Kapitel 2

Wie stehst du inzwischen zu dem Gedanken *»Ich kann nicht gehen! Denn: Was, wenn ich bloß übertreibe?«*?

Vielleicht bist du in dieser Frage auch gespalten, dann geh beiden Impulsen auf den Grund:

Teilst du den Gedanken (noch)? Ist er für dich *ein Grund zum Bleiben*? Warum?

Teilst du den Gedanken nicht (mehr)? Ist er für dich *kein Grund zum Bleiben*? Warum nicht?

Was nimmst du aus diesem Kapitel mit? (Wie) Hat sich deine Haltung dadurch verändert?

3.

... und wenn die anderen doch recht haben?

Gaslighting, Enabler und Flying Monkeys ausbremsen

Haben die anderen doch recht?

Kennst du das? Du beginnst dich zu fragen, ob zwischen euch etwas nicht stimmt. Und wenn du im Freundeskreis eine Außensicht einholst, bist du hinterher noch verwirrter als vorher. Denn offenbar sieht niemand, was *du* siehst. Alle finden den Menschen an deiner Seite ganz großartig. Und du fragst dich so langsam, ob das Problem vielleicht bei *dir* liegt, wenn du ja offenbar die einzige Person bist, die alles so kritisch sieht.

Wie stehst du zu dem Gedanken: »*Ich kann nicht gehen. Denn: Was, wenn die anderen doch recht haben?*«?
Kennst du ihn von dir?

Vielleicht bist du in dieser Frage auch gespalten? Dann geh beiden Impulsen auf den Grund:

Teilst du diesen Gedanken? Ist er für dich *ein Grund zum Bleiben*? Warum?

Teilst du diesen Gedanken nicht? Ist er für dich *kein Grund zum Bleiben*? Warum nicht?

Was möchtest du in diesem Kapitel für dich herausfinden?

Das kommt in den besten Familien vor: Gaslighting durch Angehörige beenden

Wie dein Umfeld dich gaslightet

Kennst du das? Du überwindest dich und sprichst deine Beziehungsprobleme im engsten Kreis an, doch nach den Gesprächen bist du noch verwirrter als vorher? Denn alle sagen, dass sie deine bessere Hälfte ganz toll finden. Dann bist du vielleicht gegaslightet worden. Das muss nicht aus böser Absicht geschehen. Narzisstische Menschen schaffen es, gerade in der Lovebombing-Phase, *nicht nur uns*, sondern *auch unser Umfeld* für sich einzunehmen: Muttern bekommt einen Blumenstrauß, Vaddern einen interessierten Zuhörer für die Kuriositäten seiner Spielzeugeisenbahn – und schon ist deine Familie von deiner neuen Flamme verzaubert. Du selbst schwärmst auch 24/7. Und wenn du zum ersten Mal merkst, dass es bergab geht mit euch, schwärmst du erst recht, denn du möchtest damit vor allem dich selbst von der Güte deiner Beziehung überzeugen. Kein Wunder, dass deine Familie, die gründlich gegaslightet wurde, dir nun an den Kopf knallt, dass du so einen Engel besser nicht gehen lässt.

Gaslighting wird weitergetragen

Wie Familie und Bekanntenkreis unabsichtlich zu Flying Monkeys[29] (fliegenden Affen) werden

Initiales Gaslighting durch die toxische Person selbst[30]

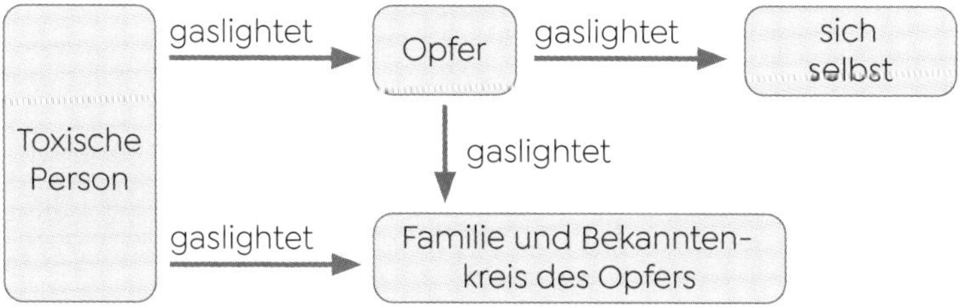

Der gute erste Eindruck wirkt auch dann noch, wenn wir längst nicht mehr glücklich sind. Wenden wir uns nun an unsere Vertrauten, haben sie das positive Bild unserer besseren Hälfte verinnerlicht und gaslighten uns vielleicht mit Sätzen wie: »*Wenn sie fremdgeht, wirst du vermutlich etwas dazu beigetragen haben!*«, oder: »*Das ist so ein sanfter Mann, halte dir den bloß warm!*« Und schon zweifeln wir wieder an unserer Wahrnehmung und betreiben somit *Selbstgaslighting*. Denn wenn uns Nahestehende so denken, muss doch etwas dran sein, oder?

Spiel das mal für ein paar deiner Kontakte durch: Wer wurde durch Rosen, Mitbringsel, Komplimente, Urlaubskarten, Gefälligkeiten oder Ähnliches davon überzeugt, dass der Mensch an deiner Seite über jeden Verdacht erhaben ist? Wen hast du vielleicht selbst versehentlich gegaslightet, indem du übermäßig betont hast, wie glücklich du in der Beziehung bist – zunächst, weil du sie idealisiert hast, und dann, weil du dich an diesen Strohhalm geklammert hast?

In welchen Kontakten fällt dir das jetzt auf die Füße?

Hier ist Platz für *dein* Beispiel:

Am Anfang steht das Gaslighting durch die toxische Person selbst:

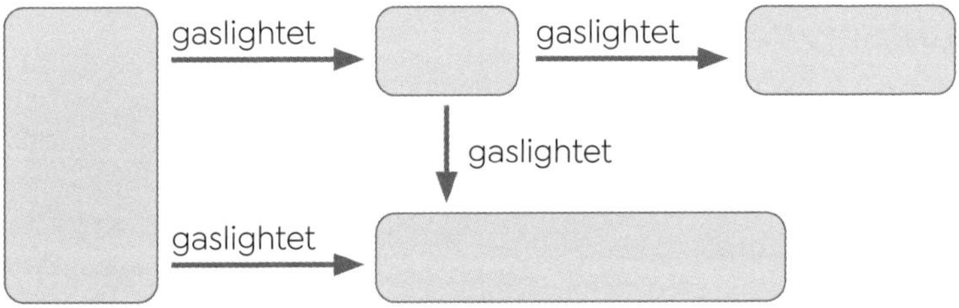

Das Gaslighting wird unabsichtlich weitergereicht:
Beispiel:

Meine Mutter gaslightet → mich gaslightet → mich selbst

___ gaslightet → mich gaslightet → mich selbst

___ gaslightet → ___ gaslightet → ___

___ gaslightet → ___ gaslightet → ___

Wer hat dir welche Gaslighting-Botschaften über deine Partnerschaft vermittelt?

Welche Vertrauensperson hat das gesagt?	**Was hat sie gesagt?**	**Wie habe ich mich daraufhin selbst gegaslightet?**	**Hat das mein Verhalten verändert? Wenn ja: wie?**
Meine beste Freundin	Beispiel: »So einen liebevollen Mann findest du nie wieder!«	Vielleicht hat sie recht? Er ist wirklich sehr liebevoll! Das ist selten! So einen finde ich nie wieder!	Ich habe über sein liebloses Verhalten hinweggesehen.

Vom Zerrbild zum Spiegelbild

Schritt 1: Unterschiede feststellen

Gaslighting kann also zu Selbstgaslighting führen. So weit, so schlecht. Wie geht man nun damit um? Verschiedene Situationen erfordern verschiedene Maßnahmen.

Vermutlich gibt es mindestens drei Kategorien von Menschen:

1. Menschen, denen du erklären kannst, dass und wie sie gegaslightet wurden und dass sie nun wiederum dich gaslighten, was es dir erschwert, zu einer klaren Entscheidung zu kommen. Diese engen Vertrauten reagieren positiv auf dein Wissen über Narzissmus und toxische Beziehungen, sie vertrauen deiner Sicht auf die Dinge und unterstützen dich dabei, auf dein Bauchgefühl zu hören.
2. Menschen, die dir wichtig sind, die aber nicht (alles) verstehen würden, was in deiner Partnerschaft passiert und was das zwischen ihnen und euch bewirkt. Zu ihnen möchtest du den Kontakt zwar halten, aber dabei darauf achtgeben, dich vor ihrem unbeabsichtigten Gaslighting zu schützen, damit es dich nicht durcheinanderbringen kann.
3. Menschen, die dir (zumindest im Augenblick) nicht guttun und zu denen du den Kontakt einschränken möchtest, um dich vor Verwirrung zu bewahren.

Hier kannst du die Namen deiner Kontakte diesen drei Kategorien zuordnen:

Menschen, denen du Gaslighting erklären kannst	Menschen, vor deren Gaslighting du dich schützt	Menschen, zu denen du den Kontakt einschränkst oder beendest

Gibt es Menschen, bei denen du dir nicht sicher bist, zu welcher Kategorie sie gehören?
Warum?
Wie könntest du es herausfinden?

____

____

____

____

Gibt es Menschen, die du anderen Kategorien zuordnen würdest? Welche?

____

____

____

____

____

Schritt 2: Wie du dich vor Gaslighting schützen kannst

Wenn du mit Menschen aus Kategorie 2 Kontakt hältst, kannst du folgende Strategien nutzen, um dich dagegen abzusichern, dass sie dich mit ihrem Gaslighting verwirren:

- Ihnen gegenüber wenig persönliche Informationen preisgeben.
- Mit ihnen nicht über deine Beziehung reden.
- Ablenkungsmanöver parat haben, falls die Partnerschaft zur Sprache kommt.
- Dir bewusst machen, dass du gegaslightet wirst.
- Ihre Sichtweise im Stillen für dich widerlegen.
- Deine eigene Sicht selbst oder mit Hilfe von Vertrauenspersonen validieren.
- Den Kontakt auf harmlose Aktivitäten beschränken (z. B. Kinobesuche – da redet man wenig).
- Den Kontakt zu ihnen einschränken.

- Den Kontakt zu ihnen mit freundlichen Ausreden oder unbemerkt pausieren.
- Deine Ideen: ______
- Sonstiges: ______

Welche Strategien wären bei wem passend?

Wer?	Wovor ich mich schützen möchte	Welche Strategie hilft mir dabei?
Beispiel: Mein Vater	*Dass er mir die Schuld an unseren »Beziehungsprobleme« gibt.*	*Ihm nicht mehr von meiner Partnerschaft und meinen Probleme erzählen.*
Beispiel: Meine Tante	Dass sie immer die gleichen quälenden Fragen stellt.	Wenn die Trennung zur Sprache kommt, nach ihrer Tanz-Aufführung fragen, um sie abzulenken.

Schritt 3: Einnorden

Wenn du Gaslighting oder Selbstgaslighting erlebst, kann es hilfreich sein, in deiner eigenen Perspektive bestärkt zu werden. Dazu brauchst du eine vertrauenswürdige Person.

Vielleicht fällt es dir momentan schwer, einzuschätzen, wem du vertrauen kannst. Dann findest du hier ein paar Tipps:

1. Es kann ein Mensch sein, der dich zunächst gegaslightet hat und der nach einem Gespräch mit dir verstanden hat, was du erlebst, und das Gaslighting eingestellt hat. (Oben hast du diese Person eventuell in Kategorie 1 eingeordnet.) Wenn jemand durch deine Erklärung Einstellung und Verhalten ändert, ist das eine wahrhaft vertrauensbildende Maßnahme. Dieser Mensch nimmt dich offenbar sehr ernst und ihm ist daran gelegen, dich in deinen Bedürfnissen zu unterstützen. Hier bist du relativ sicher vor Gaslighting. Und wenn es doch mal versehentlich dazu käme, hast du bereits die Erfahrung, dass du es thematisieren kannst und dass sich dann etwas ändert.
2. Vielleicht kennst du aber auch Menschen, die dem narzisstischen Gaslighting nie auf den Leim gegangen sind – sie eignen sich vermutlich ebenfalls als unbestechliche Beobachtende.
3. Auch Außenstehende wie beispielsweise deine therapeutische Begleitung oder Coaches können dich validieren – vorausgesetzt, sie sind nicht von der narzisstischen Seite beeinflusst worden (wie es beispielsweise häufig in Paartherapien passiert) oder bezüglich narzisstischen Partnerschaften nicht vorgebildet und daher naiv (*»Zu Schwierigkeiten gehören immer zwei!«).*

Welche Menschen wären gute Anlaufstellen für dich, wenn du Validation brauchst?

____

____

____

Wie kannst du ihre Unterstützung am besten in Anspruch nehmen?

Beispiel: Wenn meine Mutter mal wieder sagt, ich sei schuld, wenn meine Ehe zerbricht, schreibe ich eine SMS an meine beste Freundin. Sie antwortet schnell und bringt mich zurück in die Spur. Vermutlich sagt sie etwas wie: »Steve hat sich innerlich vor Jahren getrennt.

Allein hast du keine Chance, eure Probleme zu lösen. Lass dir von deiner Mutter keinen Floh ins Ohr setzen!«

Dein Beispiel:

____

____

____

Wenn man mit Hilfe eines Kompasses eine Karte so hinlegt, dass der nördliche Teil auch wirklich nach Norden zeigt, dann nennt man das Einnorden. Das tun wir hier quasi auf seelischer Ebene: Wir leihen uns den Kompass von zuverlässigen anderen, um uns danach auszurichten. Das klappt natürlich nur, wenn wir mit diesem Anliegen nicht an die *Falschen* geraten …

Ins Netz gegangen: Wie du die Fäden durchtrennen kannst

Fliegende Affen

Möglich, dass dein Umfeld von dem Menschen an deiner Seite regelrecht instrumentalisiert wird: Freundinnen werden vorgeschickt, um dir noch eine letzte Chance aus den Rippen zu leiern, deine Clique wird über dich ausgefragt, deine Familie noch mal mit extra lieben Nachrichten eingelullt, eure Kinder gegen dich aufgebracht usw. Menschen, die eigentlich zu dir halten, werden vielleicht sogar unbewusst zu solchen *Flying Monkeys*. Sie werden von der narzisstischen Person in Dienst genommen, um deren Ziele durchzusetzen.

Warum lassen sich deine Engsten darauf ein? Aus unterschiedlichsten Gründen. Beispielsweise, weil sie nicht durchschauen, dass sie zu Schachfiguren in einem Spiel gegen dich werden, weil sie das Drama lieben, weil sie sich durch diese Rolle wichtig fühlen oder weil sie Angst vor der narzisstischen Person haben.

Welche Erlebnisse mit Flying Monkeys hast du bereits gesammelt?

Wer wird zum Flying Monkey?	**Was wurde gesagt/ getan?**	**Was hat das bei dir ausgelöst?**
Beispiel: Meine Kinder	*Mein Mann hat behauptet, ich würde fremdgehen. Nun wollen sie nichts mehr mit mir zu tun haben.*	*Ich habe solche Angst, meine Kinder durch eine Trennung zu verlieren! Darum trenne ich mich lieber nicht.*

Strategien, wie du mit Flying Monkeys umgehen kannst:

- Richtigstellen, was sie an Lügen über dich gehört haben.
- Ihnen erklären, dass sie benutzt werden.
- Ihnen gegenüber wenig persönliche Informationen preisgeben.
- Den Kontakt zu ihnen einschränken.
- Sie komplett meiden.
- Dich informieren, wie du dich (z. B. juristisch) vor diesen Intrigen schützen kannst.
- Dich über narzisstische Manipulationen schlaumachen.
- Deine Ideen: ______
- Sonstiges: ______

Welche dieser Strategien ist für welchen fliegenden Affen angemessen?

______

______

Energie-Vampire und Nebenschauplätze

Nicht selten gibt es neben den Menschen, die uns gaslighten oder als Flying Monkeys begegnen, in unserem Leben noch weitere Menschen, die unsere Aufmerksamkeit binden und uns erschöpfen:

- *Dramakings und -queens*, die ihre Angelegenheiten zu unseren machen.
- Andere *Narzisstinnen und Narzissten*, die wir anscheinend in allen Lebensbereichen magisch anziehen.
- *Affären*, die wir eingehen, um wenigstens irgendwo ein bisschen Zuneigung zu erhaschen.
- Andere *Nebenschauplätze*, die wir schaffen, um uns von unseren Beziehungsproblemen abzulenken.

Beispiel: Streit mit wohlmeinenden Freunden und Freundinnen, wenn diese es wagen, ihre Bedenken zu äußern. Statt ernst zu nehmen, dass sie mit Sorge auf unsere Partnerschaft blicken, überwerfen wir uns mit ihnen. So müssen wir nicht hingucken. Leider verlieren wir dabei ihre wertvolle Außensicht. Und natürlich ihre Freundschaft.

Das alles macht es uns schwer, uns auf das zu konzentrieren, was gelöst werden muss: Die Frage, ob und wie unsere Liebesbeziehung weitergehen kann.

Welche Menschen oder Situationen zapfen dir momentan mehr Zeit und Kraft ab, als du übrig hast, und halten dich somit im leidvollen Status quo? Gemeint ist nicht die beste Freundin, bei der gegenseitige Unterstützung selbstverständlich ist, sondern einseitige Konstellationen auf deine Kosten. Oder ablenkende Nebenschauplätze, die du unbewusst selbst schaffst.

Wer oder was?	*Beispiel: Der Arbeitskollege, mit dem ich flirte.*		
Wie trägt diese Person/Situation zu meiner Erschöpfung bei?	*Das Doppelleben strengt mich an.*		
Wie ist es dazu gekommen?	*Meine Seele geht spazieren, weil sie zu Hause nicht geliebt wird. Fremdflirten ist außerdem einfacher, als sich zu trennen.*		
Welche Funktion hat diese Baustelle?	*Ich tanke die Zuwendung und Bestätigung, die mir in meiner Partnerschaft fehlen.*		
Welche Wirkung hat diese Baustelle?	*Letztlich stabilisiert der Seitensprung meine Partnerschaft, weil ich dadurch keine Zeit mehr habe, mich ernsthaft mit einer Trennung auseinanderzusetzen. Außerdem bewirkt diese Notversorgung mit Liebe, dass der Leidensdruck sinkt und die Trennung nicht mehr so dringlich erscheint.*		
Was kann ich Konstruktives tun?	*Die Affäre als das sehen, was sie ist: Ein Beleg dafür, dass meine Beziehung mir nicht gibt, was ich brauche. Ich möchte herausfinden, ob ich meine Partnerschaft verbessern kann oder ob ich sie beenden muss.*		

Zeichnen sich wiederkehrende Muster ab? Oder möchtest du andere Erkenntnisse festhalten?

____

____

____

Wer tut mir gut, wer nicht? Das Adressbuch ausmisten

Frühjahrsputz in der Kontaktliste

Ob Gaslighting, Flying Monkeys oder Energieraub – jetzt hast du womöglich einige Menschen in deiner Umgebung ausfindig gemacht, zu denen du den Kontakt pausieren, ausdünnen oder abbrechen willst. Vermutlich hast du mit der Partnerschaft zurzeit genug Baustellen und kannst kein weiteres offenes Drama gebrauchen. Also bist du eventuell gut beraten damit, ganz undramatisch auf Distanz zu gehen. Außerdem kann ein klarer Cut auch ein stärkendes Signal an dich selbst sein, dass du es wert bist, deine Grenzen zu verteidigen.

Welcher Kontakt braucht was?

Menschen, zu denen ich den Kontakt ausdünne (Intensität, Nähe, Häufigkeit)	**Menschen, zu denen ich den Kontakt pausiere (mit Ansage oder ohne)**	**Menschen, bei denen ich den Kontakt beende (schleichend oder abrupt)**

Wie wirst du den Kontakt ausdünnen? Weniger häufig Zeit haben, distanziertere Aktivitäten wählen, weniger Persönliches erzählen, bestimmte Themen aussparen oder auf andere Weise für weniger Einflussnahme sorgen?

Person	**Wie ich den Kontakt ausdünne**
Beispiel: Meine Cousine	*Beispiel: Mit Yasmin werde ich hauptsächlich Wellness machen. Dabei wird wenig geredet und wir konzentrieren uns auf etwas Drittes. Es ist entspannend – selbst dann, wenn sie mir ohne Atempause von ihren glücklosen Tochtelmechteln erzählt.*

Wie wirst du den Kontakt pausieren? Mit oder ohne klare Ansage?

Person	**Wie ich den Kontakt pausiere**
Beispiel: Mein Vater	*Beispiel: Ich simse ihm nur zurück, wenn er sich meldet. Und zwar immer mit Verzögerung und kurz – aber oberflächlich freundlich. So kommt kaum negative Energie von ihm bei mir an, es bindet mich zeitlich nicht und er macht keinen Aufstand, weil ich mich entziehe.*

Wie wirst du den Kontakt abbrechen? Wirst du ihn langsam und unmerklich auslaufen lassen, so dass das Gegenüber davon erst mal gar nichts mitbekommt, seltener und einsilbig antworten, einen klaren Schlussstrich ziehen oder der Verbindung auf andere Weise ein Ende setzen?

Person	**Wie ich den Kontakt beende**
Beispiel: Meine Patentante	*Beispiel: Ich schreibe ihr Urlaubskarten und werde die Abstände dabei vergrößern, bis der Kontakt ausläuft.*

»Obwohl niemand zurückgehen kann, um einen Neustart zu machen, so kann aber jeder anfangen, ein neues Ende zu schaffen.«

Carl Bard

Sich auf das Nestwerk[31] besinnen

Wichtig ist, dass du vor lauter Misstrauen, das uns in narzisstisch geprägten Partnerschaften leicht befallen kann, nicht das Kind mit dem Bade ausschüttest. Mach dir klar, wer vertrauenswürdig ist, dir guttut und dein Bauchgefühl stärkt. Für diese Menschen hast du nun viel mehr Kapazität, weil du deine Energien nicht mehr auf Menschen verwendest, die dich verrückt machen:

____

____

____

____

____

____

(Wie) Möchtest du die Kontakte intensivieren?

____

____

____

____

____

____

Mitten in der Krise neue Menschen kennenzulernen, kann heikel sein. Gerade in solchen Momenten ziehen wir nicht unbedingt immer die wohltuendsten Leute an. Wenn du dir dennoch zutraust, die Spreu vom Weizen zu trennen, und wenn du gerade Kapazitäten dafür hast: Wo könntest du neue Menschen kennenlernen, die dir wirklich guttun?

____

____

____

____

____

____

Dein Fazit zu Kapitel 3

Wie stehst du inzwischen zu dem Gedanken *»Ich kann nicht gehen! Denn: Was, wenn die anderen doch recht haben?«*

Vielleicht bist du in dieser Frage auch gespalten, dann geh beiden Impulsen auf den Grund:

Teilst du den Gedanken (noch)? Ist er für dich *ein Grund zum Bleiben*? Warum?

Teilst du den Gedanken nicht (mehr)? Ist er für dich *kein Grund zum Bleiben*? Warum nicht?

Was nimmst du aus diesem Kapitel mit? (Wie) Hat sich deine Haltung dadurch verändert?

4.

... und wenn es doch die große Liebe ist?

Von der kognitiven Dissonanz zur Klarheit

Ist es die große Liebe?

Es ist schwer, die Idee loszulassen, die Liebe unseres Lebens gefunden zu haben. Sich einzugestehen, dass wir uns geirrt haben, ist kein Spaziergang. Wir wollen das Bild, das wir uns in so schönen Farben ausgemalt haben, nicht aufgeben. Und so deuten wir die heftigen Streitereien um und nennen sie »Leidenschaft«. Und die ständige emotionale Achterbahnfahrt erscheint uns als Beleg für die Intensität unserer Gefühle. Aber ein kleines Stimmchen bleibt skeptisch: »Fühlt sich *so* Liebe an?«, fragt der nagende Zweifel. Und es kostet mehr und mehr Kraft, ihn zu verdrängen.

Wie stehst du zu dem Gedanken: *»Ich kann nicht gehen! Denn: Was, wenn es doch die große Liebe ist?«*?
Kennst du ihn von dir?

Vielleicht bist du in dieser Frage auch gespalten? Dann geh beiden Impulsen auf den Grund:

Teilst du diesen Gedanken? Ist er für dich *ein Grund zum Bleiben*? Warum?

____

____

____

Teilst du diesen Gedanken nicht? Ist er für dich *kein Grund zum Bleiben*? Warum nicht?

____

____

____

Was möchtest du in diesem Kapitel für dich herausfinden?

____

____

____

Graustufen: Das Leben ist nicht schwarz-weiß

Kognitive Dissonanz und die Schuhe, die du dir anziehst

Kennst du das? Du bist dir nicht klar im Kopf, ob es in deiner Beziehung rund läuft oder nicht. In manchen Momenten bist du überzeugt davon, dass das, was du erlebst, Liebe ist – in anderen fühlt es sich ganz anders an.

Das Hin- und Herpendeln zwischen diesen Einschätzungen nennt man *kognitive Dissonanz.*

Dieser seelische Mechanismus ist allgemein menschlich: Wenn wir überzeugt sind, dass Rauchen ungesund ist, aber dennoch rauchen, entsteht eine unangenehme Spannung in uns. Um sie aufzulösen, können wir den Aufwand betreiben, mit dem Rauchen aufzuhören. Einfacher ist es aber, wenn wir uns einreden, bloß aus Spaß an der Freude zu quarzen – Problem gelöst!

Doch kognitive Dissonanz, die Reibung zweier kontrastierender Gedanken, ist darüber hinaus ein typisches Merkmal von Missbrauchsbeziehungen, auch von narzisstischen: Wir kriegen das anfängliche Bild unserer Flamme nicht mehr mit dem Verhalten in Übereinstimmung, das wir zunehmend erleben. Um das positive Bild vom Lieblingsmenschen aufrechterhalten zu können, greifen viele Betroffene daher zu der Strategie, die verletzenden Verhaltensweisen wegzuerklären: »*Er hat mich nur geschlagen, weil ich ihn gereizt habe!*« Wie in diesem Beispiel anklingt, nehmen wir dabei die *Schuld* nicht selten auf uns – oder finden zumindest andere Schuldige: die schlimme Kindheit, die schwierige Mutter, die Umstände, den anstrengenden Tag, die lieben Kollegen …

Schritt 1: Den Rationalisierungen auf die Schliche kommen

Wie rechtfertigst du das wenig liebevolle Verhalten deines Gegenübers?

Kreise ein und ergänze:

- Ich hätte mich nicht so im Ton vergreifen sollen!
- Ich habe mich auch nicht vorbildlich verhalten!
- Er/Sie hatte eine schwierige Kindheit.
- Der Tag war anstrengend, da kann man schon mal aus der Haut fahren!
- Es ist eine kulturelle Sache; es ist nicht böse gemeint.
- ____________________
- ____________________
- ____________________
- ____________________
- ____________________
- ____________________
- ____________________

Wie rechtfertigen andere das wenig liebevolle Verhalten deines Gegenübers?

Umkreise und ergänze:

- Es gehören immer zwei dazu.
- Eine Ehe ist eben kein Zuckerschlecken!
- Du wirst schon einen Beitrag dazu geliefert haben, wenn er/sie dich betrügt!
- Vermutlich hast du das missverstanden.
- Wenn ich so viel zu schultern hätte, wäre ich auch gereizt!
- ____________________
- ____________________
- ____________________
- ____________________
- ____________________
- ____________________
- ____________________

Wie rechtfertigt dein Gegenüber selbst sein/ihr wenig liebevolles Verhalten?

Kreise ein und ergänze:

- Ich habe mich nur so verhalten, weil du ______________________.
- Ich bin gestresst, da passiert das schon mal.
- Das ist doch normal in einer Beziehung, dass man sich mal streitet.
- Heute hatten es wirklich alle auf mich abgesehen!
- Ich bin augenblicklich in einer Krise!
- Ich bin nun mal so.
- Ich kann nichts dafür, es liegt an meiner Erkrankung: ____________
- ____
- ____
- ____
- ____
- ____
- ____
- ____

Welche dieser Rechtfertigungen, die du von deinem Gegenüber oder von Dritten hörst, übernimmst du in dein inneres Selbstgespräch?

____

____

____

____

____

____

____

____

____

Schritt 2: Die Rechnung ohne Rechtfertigungen machen

Wie die kognitive Dissonanz das positive Bild des Gegenübers aufrechterhält, lässt sich in einer Formel ausdrücken:

Liebe + Verletzungen = kognitive Dissonanz = Leiden
Liebe + Verletzungen + Rechtfertigungen = kognitive Kongruenz = Harmonie

Noch mal in ganzen Sätzen: Liebe und Verletzungen kriegen wir nicht unter einen Hut. Also leiden wir unter kognitiver Dissonanz. Wenn wir allerdings Rechtfertigungen für die erlebten Verletzungen finden, können wir am positiven Bild unserer Partnerschaft festhalten: Harmonie!

Beispiel für die Wirkung von Rechtfertigungen:
Mein Partner bringt mir seit Langem mal wieder Frühstück ans Bett. Haha, denke ich: Es ist also doch Liebe, er ist ein Guter, ich bleibe zu Recht! Doch dann bekommt er einen Wutanfall, als ich ins Bett krümele. Schon bekommt mein rosarotes Bild Risse. Wenn ich aber seinen Wutanfall dadurch wegerkläre, dass ich mir selbst die Schuld für seinen Ausbruch gebe, kann ich mich weiterhin davon überzeugen, dass mein Partner ein guter Mensch ist und mich liebt. Frühstück gerettet!

Frühstück ans Bett + Wutanfall + »Ich habe ihn provoziert!« = Er ist ein guter Mensch, er liebt mich!

Schreib wie in diesem Beispiel über die folgenden Formeln deine eigenen Beispiele: Welche Entschuldigungen nutzt du, um dir zu erklären, woher das verletzende Verhalten rührt?

Liebe + Verletzungen + Rechtfertigungen = kognitive Kongruenz = Harmonie

Liebe + Verletzungen + Rechtfertigungen = kognitive Kongruenz = Harmonie

Liebe + Verletzungen + Rechtfertigungen = kognitive Kongruenz = Harmonie

Liebe + Verletzungen + Rechtfertigungen = kognitive Kongruenz = Harmonie

Liebe + Verletzungen + Rechtfertigungen = kognitive Kongruenz = Harmonie

Schritt 3: Die Dissonanz zulassen

Wenn du dich das nächste Mal dabei erwischst, im Geiste oder im Gespräch Entschuldigungen für dein Gegenüber zu finden, halte inne. Spür mal in dich hinein:

Wie würdest du dich fühlen, wenn du das verletzende Verhalten diesmal nicht rechtfertigst? Was würde das mit dem Bild deines Gegenübers und deiner Partnerschaft machen? Würde es sich verändern? Wie?

____

____

____

Gute Zeiten, schlechte Zeiten

Vielen fällt es schwer zu gehen, weil sie auch gute Momente erleben. Das ist das Wesen von toxischen Beziehungen. Gäbe es nur schlechte Momente, würde ja niemand bleiben. *Der permanente Wechsel macht den toxischen Charakter aus.* Wir wissen nie, woran wir sind. Außerdem vergessen wir scheinbar in den guten Phasen die weniger guten. Dem entgegenzuwirken, kann uns zu mehr Klarheit führen.

Mach eine Gegenüberstellung der guten und der schlechten Momente der nächsten 14 Tage, um einen Überblick zu bekommen, ob es wirklich noch mehr gute als schlechte Momente gibt:

Beispiel:
Tag 1: *Montag, 25.07.*

Gute Momente	Schlechte Momente
Morgens im Bett gekuschelt	*Leider hatten wir uns dabei nichts zu sagen.*
Schöne Urlaubsfotos gemacht	*Vorm Fotos-Machen hatten wir kurz Streit.*
	Wir konnten nichts miteinander anfangen.
Guter Sex	*Ich wollte eigentlich nicht wirklich Sex.*
	Nachmittags war er plötzlich kalt.
	Er hat einen Witz über meine Nase gemacht.
Er hat abgewaschen.	
	Ich habe mich allein gefühlt.
	Er hat lange mit dieser Annika telefoniert.
Abends hat er gesagt, dass er mich liebt.	

Zahl guter Momente: 5 Zahl schlechter Momente: 8

Fazit Tag 1:
Mehr gute Momente / mehr schlechte Momente / Gleichstand

Beobachtungen:
Es widerstrebt mir, diese Übung zu machen, weil ich Angst habe, ihm damit unrecht zu tun: Man kann das doch nicht in Zahlen gegeneinander aufwiegen! Aber ich merke schon, dass das nur ein Versuch ist, mich darum zu drücken, die traurige Wahrheit zu erkennen …

Auch ist der Impuls, die schlechten Momente zu rechtfertigen, übermächtig. Ich würde am liebsten alle streichen, weil ich finde, dass ich übertreibe, und dass ich positiver sein sollte.

Interessant: Rein emotional ist meine Tagesbilanz eine andere: Weil der Tag relativ harmlos war und der Streit nur kurz, empfinde ich den Tag als eher positiv. Ist das eigentlich realistisch? Oder habe ich meine Erwartungen so sehr runtergeschraubt?

Jetzt du:

Tag 1: ____________________

Gute Momente	Schlechte Momente

Zahl guter Momente: ______ Zahl schlechter Momente: ______

Fazit Tag 1:
Mehr gute Momente / mehr schlechte Momente / Gleichstand

Die Tabellen für die Tage 2 bis 14 findest du hier:

www.penguin.de/mueller_verdeckter_narzissmus_002

Du kannst dir natürlich auch einige Kopien der Tabelle zu Tag 1 machen, bevor du sie ausfüllst.

Fazit der zwei Wochen: Mehr gute Momente / mehr schlechte Momente / Gleichstand

Wie geht es dir mit dieser Erkenntnis? Welche Schlüsse ziehst du daraus?

»Ich weiß nicht, ob es besser wird, wenn es anders wird. Aber es muss anders werden, wenn es besser werden soll.«

Georg Christoph Lichtenberg

Das Vexierbild verstehen

Kognitive Dissonanz ist der typische Geisteszustand von Menschen, die in toxischen Beziehungen leben. Das Gefühl, das aus dem permanenten Pendeln zwischen einer positiven und einer negativen Sicht auf dein Gegenüber und auf das Miteinander resultiert, wird auch als *Gehirnnebel* beschrieben. Diese Verwirrung macht es schwer, sich ein klares Bild der Situation zu machen. So bleiben wir lange in der undurchschaubaren Bindung gefangen. Ein erster Schritt Richtung Klarheit kann es sein, sich die Unklarheit bewusster zu machen. Schau dir darum die beiden Extreme, zwischen denen deine Einschätzung hin- und herpendelt, genauer an: Liebe versus Missbrauch. Oder würdest du die beiden Pole gern mit anderen Begriffen beschreiben?

Wie sehe ich meine Partnerschaft und meinen Partner/meine Partnerin in den guten, hoffnungsvollen Momenten?

Wie sehe ich, wenn ich ehrlich bin, mein Gegenüber und unsere Partnerschaft in den dunklen Momenten?

Wenn es dir schwerfällt, selbst einen kritischen Blick auf deine Partnerschaft zu werfen, leih dir den unverstellten Blick eines Menschen, dem du vertraust. Das kann eine real existierende Person sein wie dein bester Freund oder deine Therapeutin – oder auch eine Romanfigur oder deine innere Weisheit:

Wessen Perspektive nutze ich?

Wie würde diese Person/dieses Wesen meine Partnerschaft beschreiben?

Wie ist es für dich, diese geliehene Außenperspektive zu hören?

Konferenz der Dissonanzen

Das Problem mit der kognitiven Dissonanz ist, dass sie oft nicht ganz bewusst wird. Weil es so anstrengend ist, beide Sichtweisen auf unsere Partnerschaft gleichzeitig zu haben, kippeln wir zwischen den Extremen hin und her: An manchen Tagen sieht alles rosig aus, denn unser Augenstern ist gut gelaunt. Der nächste Zwischenfall lässt nicht lange auf sich warten und schon sehen wir wieder schwarz – aber nicht lang. Schließlich finden wir schnell eine Begründung für das Problem. Und die liegt natürlich überall – bloß nicht in unserem Schatz! Wenn es gerade gut läuft, rutscht uns das Wissen über die anderen Tage quasi weg. Darum kann es helfen, die Reibung zuzulassen, und beide Sichtweisen zu einem Gespräch zu bitten:

Dialog für drei

Beispiel:

Gast 1, glaubt an die Beziehung:
Die Liebende. Die Frau, die sich vor fünf Jahren unsterblich verliebt hat.

Gast 2, zweifelt an der Beziehung:
Das gebrannte Kind. Oft verletzt worden in Partnerschaften. Möchte mich beschützen.

Moderator/in, sucht das erwachsene Gespräch zwischen beiden:
Ich, die erwachsene, bewusste Frau

Du moderierst diese Begegnung. Mit welcher Frage würdest du eröffnen? Und wie antworten die Gäste mit den gegensätzlichen Positionen?
Die Erwachsene: Toll, dass ihr beide gekommen seid, um mit mir die Frage zu klären. Vielleicht mögt ihr kurz zusammenfassen, wie ihr grundsätzlich zu der Frage steht?
Das gebrannte Kind: Ich bin sehr dankbar für diese Einladung. Denn ehrlich gesagt mache ich mir ziemlich große Sorgen ...
Die Liebende: Da muss ich gleich mal dazwischengehen! Das ist doch wirklich Quatsch! Endlich eine feste Beziehung! Das ist doch alles andere als ein Grund, sich Sorgen zu machen!

Welche Frage(n) würdest du als Nächstes stellen? Wie sind die Reaktionen?
Die Erwachsene: Interessant! Darüber würde ich gern mehr erfahren! Vielleicht fangen wir bei dir an, Liebende: Warum ärgert es dich so, dass sich das gebrannte Kind so kritisch äußert? Und im Anschluss würde ich gern vom gebrannten Kind hören, worüber es sich Sorgen macht ...

Jetzt du:

Charakterisiere kurz die Beteiligten:

Gast 1, glaubt an die Beziehung:

Gast 2, zweifelt an der Beziehung:

Moderator/in, sucht das erwachsene Gespräch zu beiden:

Du moderierst diese Begegnung. Mit welcher Frage würdest du eröffnen? Und wie antworten die Gäste mit den gegensätzlichen Positionen?

Welche Frage(n) würdest du als Nächstes stellen? Wie sind die Reaktionen?

Welche Fragen bieten sich anschließend an? Wie werden sie von den Gästen beantwortet?

Welche Fragen bieten sich darüber hinaus an? Wie werden sie beantwortet?

Welche Fragen sind noch offen? Inwiefern lassen sie sich klären?

Gibt es etwas, das abschließend im Rahmen einer Moderation gesagt, gefragt, eingeordnet oder zusammengefasst werden sollte?

Wie endet das Gespräch?

Lass den Dialog noch mal auf dich wirken. Welches Fazit ziehst du aus dieser Unterhaltung?
Ist etwas Neues dabei, das dich überrascht?

Welche praktischen Schlüsse ziehst du daraus? Wie wirst du sie umsetzen?

Nicht passend gemacht: Das Ende der Entschuldigungen

Wenn sich die falsche Person entschuldigt

Die kognitive Dissonanz ist nicht die einzige Ursache dafür, dass in dysfunktionalen Beziehungen überproportional viel Verantwortung auf unserer Seite landet.

1. Der Missbrauchs-Zyklus (nach Lenore E. Walker)[32]

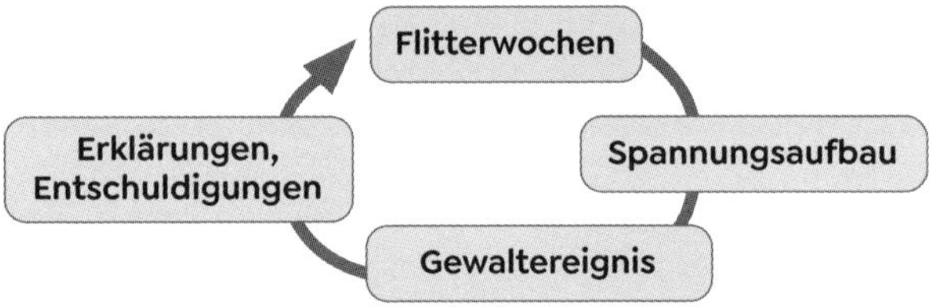

Wie wir im Missbrauchskreislauf in Kapitel 1 bereits gesehen haben, wird bei Gewaltereignissen systematisch die Schuld auf unser Konto verbucht: In narzisstischen Beziehungen wird die Harmonie häufig dadurch wiederhergestellt, dass sich die Person entschuldigt, die schlecht behandelt wurde. Ein Beispiel:

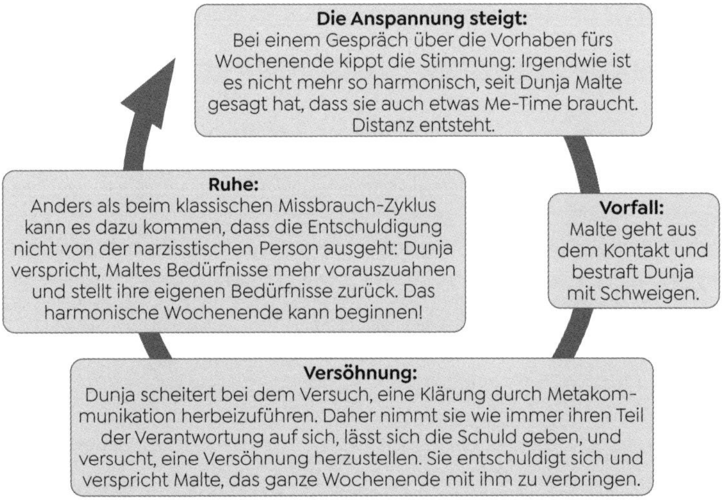

Jetzt bist du dran: Gib ein Beispiel von einem typischen Kreis, den ihr durchlaufen habt.
(Wie) Bist du für das Wiederherstellen der Harmonie zuständig?

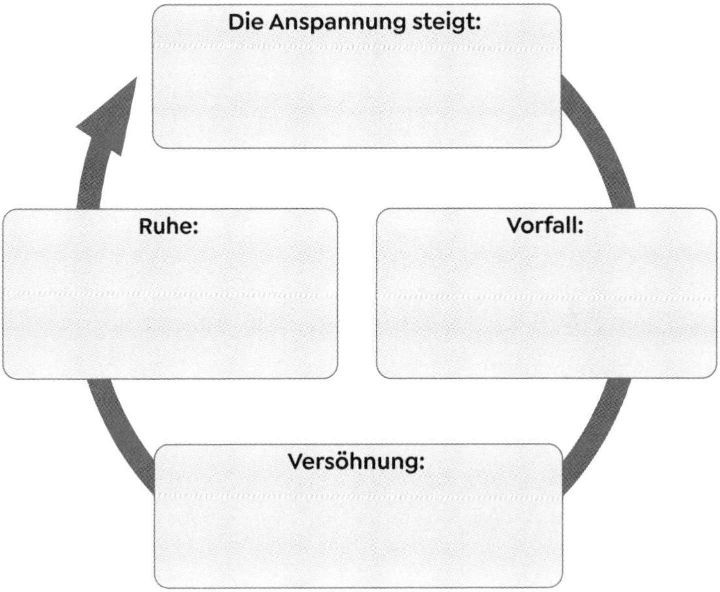

2. Um des lieben Friedens willen

In deinem Beispiel oben hast du vermutlich mindestens eine der charakteristischen Strategien herausgearbeitet, mit denen der relative Frieden wiederhergestellt wird. Welche weiteren Strategien dazu kennst du von euch? Markiere Passendes und ergänze:

- Versöhnungssex initiiert von: ________________________.
- Ich entschuldige mich.
- Das Gegenüber entschuldigt sich.
- Ich gelobe Besserung.
- Die andere Seite gelobt Besserung.
- Ich kuschele mich an.

- Ich mache ein Versöhnungsgeschenk.
- Ich bekomme ein Versöhnungsgeschenk.
- Ich nehme die Schuld auf mich / ich übernehme die Verantwortung.
- Ich gehe auf das Gegenüber zu und stelle wieder Kontakt her.
- ______________________________
- ______________________________
- ______________________________
- ______________________________

3. Die narzisstische Falle

Narzisstische Personen streben in Partnerschaften nicht nach Liebe, sondern nach Macht. Daher haben sie oft die Oberhand. Das kann mehr oder weniger offensichtlich sein.

Wie im Missbrauchskreislauf beschrieben, sichern die missbräuchlichen Vorfälle die Machtposition der narzisstischen Person. Doch nach dem Ausbruch ist sie häufig zerknirscht und leidet unter *Verlustangst*: Werde ich für das, was ich getan habe, verlassen? Für einen kurzen Moment hat so das Opfer Oberwasser.[33]

Jochen Peichl spricht in diesem Kontext von der *»narzisstischen Falle«*[34]: Die nicht narzisstische Person macht nach dem Ausgeliefertsein die Erfahrung, in der machtvolleren Position zu sein: Ihr Gegenüber, eben noch Täterperson, wird nun zum Opfer, fühlt sich angesichts des eigenen Ausbruchs hilflos und lässt sich trösten.

Nun in die starke Elternrolle zu schlüpfen, kann für das Opfer attraktiv sein. Das kann verschiedenste Ursachen haben: Zum Beispiel kann es wohltuend sein, nach der gegenteiligen Erfahrung nun eigene Stärke zu erleben. Ein schwaches Selbstwertgefühl kann durch die helfende Rolle kompensiert werden. Auch hohe Empathie kann dazu führen, dass man reflexartig in die Care-Rolle schlüpft.

Beispiel: Nachdem er mich geschlagen hatte, brach er weinend zusammen, war wie ein Kind, und ich habe ihn stundenlang im Arm gehalten.

Kennst du solche Wechsel im Machtgefüge zwischen euch, wo du in die starke Elternrolle schlüpfst, nachdem du unangemessen oder gar missbräuchlich behandelt worden bist?

Übrigens: Das Abwälzen der Verantwortung auf das Opfer kann auch mit zeitlicher Verzögerung passieren. Bei Gewaltbeziehungen kommt es in den nächsten Tagen oft zu einem *»Gedächtnisbereinigungsprozess«*[35]: Die Täterpersonen geben sich zunächst zerknirscht, weswegen ihnen nur zu gern eine weitere Chance gewährt wird. Dann wird die Tat rückwirkend entschuldigt, verharmlost, kleingeredet und die Verantwortung zunehmend abgeschoben. Das kann subtil passieren oder auch durch eine *Schuldumkehr*: Das Opfer wird beschuldigt, ursächlich zu dem Vorfall beigetragen zu haben.[36]

Hat es solch eine Entwicklung bei euch schon mal gegeben?

Beispiel: Er hat allen erzählt, wie leid es ihm tut, wie sehr er mich liebt und wie groß seine Angst ist, mich zu verlieren. Selbst meine Mutter hat gemeint, ich solle ihm vergeben. Also habe ich ihn wieder einziehen lassen. Doch dann hieß es plötzlich, ich hätte ja auch übertrieben, und überhaupt sei das Ganze nur passiert, weil ich ihn auf der Betriebsfeier blamiert hätte.

In solchen Situationen wird deutlich, wie sich ein Paar durch das *Drama-Dreieck* bewegt:

Das Drama-Dreieck

Das *Drama-Dreieck* ist ein Modell aus der *Transaktionsanalyse*, einer psychologischen Methode, die sich mit der Persönlichkeit und mit Kommunikation beschäftigt. Es beschreibt, wie mindestens zwei Personen in drei, durchaus auch wechselnden Rollen gefangen sind:

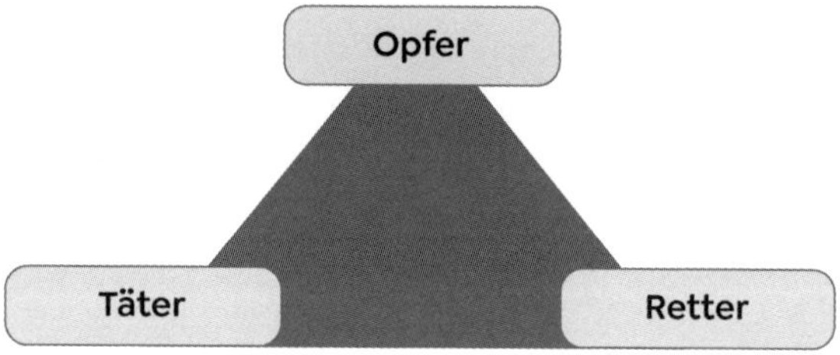

Im obigen Beispiel zur narzisstischen Falle ist das Drama-Dreieck gut zu erkennen: Der *Täter*, der seine Partnerin (*Opfer*) herabwürdigt, ist danach zerknirscht und lässt sich zunächst von ihr trösten (*Retterin*), gibt ihr später aber die Schuld für seinen Ausbruch *(Täterin)* und stilisiert sich zum *Opfer*: *»Du hast mich gereizt!«*

Gibt es solche Rollen oder Rollenwechsel auch bei euch?

Wie geht es dir in deinen Rollen?

Was bringt dich dazu, diese Rollen zu übernehmen?

Ist dir das schon länger bewusst?
Wenn nicht: Was macht es mit dir, diese Muster im eigenen Leben zu entdecken?

Die Kunst des Nein: Deine Grenze definieren

Alte Bindungsmuster erkennen

Menschen, die sich in narzisstischen Beziehungen wiederfinden, erkennen oft …

… dass sie im Elternhaus ein dysfunktionales Bild von Beziehungen erworben haben und daher nicht (rechtzeitig) bemerken, wenn sie nicht gut behandelt werden, weil es sich vertraut anfühlt,

und/oder

… dass sich die Grenzen in der Partnerschaft schleichend verschoben haben, so dass eine anfänglich (scheinbar) gute Bindung immer mehr kippt. Wäre ihr Gegenüber von Anfang an so zu ihnen gewesen wie jetzt, hätten sie sich wohlmöglich nicht auf die Beziehung eingelassen.

Wie ist es bei dir? Wenn deine Partnerschaft von Tag eins an so gewesen wäre, wie sie jetzt ist, hättest du dich dann dafür entschieden?

Welches Bild von Beziehungen hast du in deiner Herkunftsfamilie vermittelt bekommen? Welche Werte wurden hochgehalten? Was wurde vorgelebt? Stimmte beides überein?
Beispiel: Es hieß immer, Familie sei wichtig und man würde mich lieben. Aber ich durfte weder Grenzen haben noch Bedürfnisse – wenn meine Eltern etwas anderes brauchten. Außerdem war es normal, mich anzuschreien und Konflikte nicht wirklich zu lösen. Ich habe mich einfach irgendwann entschuldigt oder runtergeschluckt, was zwischen uns vorgefallen war, damit meine Eltern wieder lieb zu mir waren. Sie hatten selbst Probleme, und ich habe sie abgekriegt.

____

____

____

Beschreib eine typische Situation, die diese Verhaltensweisen auf den Punkt bringt.
Beispiel: Mein Vater sagte, er wünschte, ich sei wie mein Bruder. Das beschämte mich und belastete die Beziehung zu meinem Bruder. Ich war emotional überfordert und rannte weg. Dafür bekam ich dann Ärger.

____

____

____

Welche unausgesprochenen Beziehungsregeln stecken in solchen Erlebnissen?
Beispiel:

- *Ich darf nichts wollen/brauchen.*
- *Ich darf keine negativen Emotionen haben bzw. in den Kontakt bringen.*
- *Ich darf keine Grenzen haben.*
- *Man darf mich anschreien.*
- *Ich nehme die Schuld auf mich.*
- *Ich bin zuständig für den Frieden.*

Implizite Beziehungsregeln in *deiner* Ursprungsfamilie:

- ______
- ______
- ______
- ______
- ______
- ______

Inwiefern beeinflusst dich dieses Bild von einer »Beziehung« noch heute?

Beispiel: Ich lande immer wieder in Partnerschaften, die nach diesen Regeln funktionieren. In Freundschaften habe ich meist gesündere Maßstäbe.

______

______

______

Welche Überzeugungen stehen hinter diesen Regeln, die du unbewusst aus den Erlebnissen abgeleitet hast?

Beispiel: Ich verdiene es nicht, geliebt zu werden. Ich muss nehmen, wen ich kriegen kann, und etwas leisten, um geliebt zu werden.

______

______

______

Es klingt vielleicht erst mal hart, das so ungeschönt aufzuschreiben. Wie geht es dir damit, das schwarz auf weiß zu lesen?

Beispiel: Ich bin entsetzt. Das hätte ich nie gedacht. Bewusst sehe ich das ganz anders. Ich bin emanzipiert, stark und durchsetzungsfähig. Aber in mir wohnt offenbar noch das kleine Mädchen von damals.

______

______

______

Die unausgesprochenen Beziehungsregeln beinhalten sicher so manchen negativen Glaubenssatz – Annahmen über dich und die Welt, die dein Verhalten prägen. Du kannst diese negativen Glaubenssätze durch positive überschreiben. Wie das geht, erfährst du ab Seite 217.

Jetzt legen wir erst mal den Fokus auf dein Bild von Partnerschaften.

Ein neues Bild von Beziehungen etablieren

Im letzten Kapitel hast du erforscht, wo du herkommst. Nun wirf einen Blick nach vorn und schau, welche Beziehung dein Vorbild für eine gute Verbindung sein könnte: Hast du eine Partnerschaft gehabt, die dir gutgetan hat? Oder eine Freundschaft auf Augenhöhe? Eine verlässliche Bindung zu Familienangehörigen oder ein fantastisches Vorbild in deinem Lieblingsbuch? Auch die Beziehung zu einem Haustier oder dein Gottesbild könnten als Anregung dienen – Hauptsache, du fühlst dich gesehen und geborgen. Auch eine Melange verschiedener Vorlagen ist möglich.

Welche deiner Beziehungen könnte(n) ein Vorbild für eine gelingende Partnerschaft sein?

____

____

____

____

Was macht diese Beziehung(en) aus?
Wie möchtest du in einer Partnerschaft behandelt werden und agieren?

Beispiel:
Positive Beziehungsregeln:

- *Augenhöhe.*
- *Die Bedürfnisse beider sind gleichermaßen wichtig.*

- *Positive Annahmen über das Gegenüber.*
- *Grenzen werden respektiert.*
- *Es gibt ein genuines Interesse daran, sich kennen- und verstehen zu lernen.*
- *Beide haben gleich viel Lust, Zeit miteinander zu verbringen.*
- *Lösungsorientierung …*

Beziehungsregeln deiner optimalen Beziehung:

- ______________________________
- ______________________________
- ______________________________
- ______________________________
- ______________________________
- ______________________________
- ______________________________

No-Gos definieren

Jetzt weißt du, *was du willst*. Daraus kannst du schlussfolgern, *was du nicht mehr willst*. Dabei finden sich vielleicht einige Regeln aus deinem Elternhaus wieder, vielleicht kommen auch neue hinzu, die du aus deinen Partnerschaften kennst.

Beispiel:
No-Gos:

- *Machtgefälle.*
- *Klärungsversuche gehen immer von mir aus.*
- *Entschuldigungen kommen immer von mir.*
- *Mein Gegenüber kann oder will nicht reflektieren.*
- *Ich habe Angst, den geliebten Menschen zu verlieren, wenn ich nicht genüge.*
- *Mein Gegenüber ist nicht an Entwicklung interessiert.*
- *Es gibt No-Fly-Zones, d. h. Themen, über die nicht gesprochen werden darf.*

Deine No-Gos in Beziehungen:

- __________
- __________
- __________
- __________
- __________
- __________
- __________

Welche dieser Grenzen werden in deiner aktuellen Beziehung geachtet? Welche werden überschritten?

War dir das bewusst?
Wie geht es dir mit dieser Feststellung?

Wie hast du dich bisher dazu verhalten?

Wie willst du zukünftig damit umgehen?

Dein Fazit zu Kapitel 4

Wie stehst du inzwischen zu dem Gedanken: *»Ich kann nicht gehen! Denn: Was, wenn es doch die große Liebe ist?«*

Vielleicht bist du in dieser Frage auch gespalten, dann geh beiden Impulsen auf den Grund:

Teilst du den Gedanken (noch)? Ist er für dich *ein Grund zum Bleiben*? Warum?

Teilst du den Gedanken nicht (mehr)? Ist er für dich *kein Grund zum Bleiben*? Warum nicht?

Was nimmst du aus diesem Kapitel mit? (Wie) Hat sich deine Haltung dadurch verändert?

5.

... und wenn es doch falsch wäre, zu gehen?

Denkfehler Hoffnung. Oder: Wie du Klebstoffe zu Lösungsmitteln machst

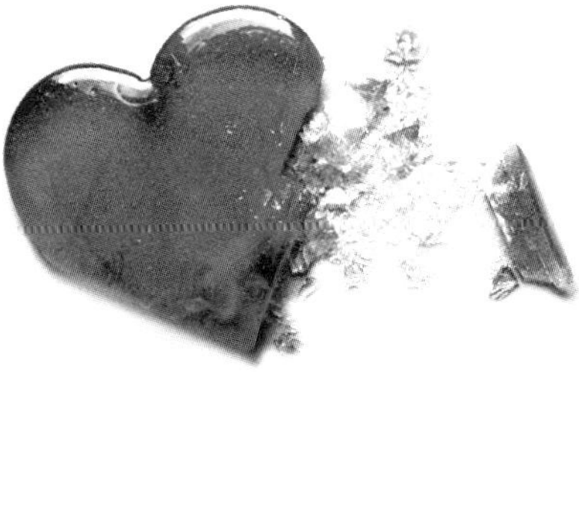

Wäre es falsch, zu gehen?

Viele Menschen, die mit dem Gedanken spielen, sich aus schwierigen Bindungen zu lösen, haben große Angst davor, dass es ein Fehler sein könnte, zu gehen. Sie fragen sich, ob sie schon alles versucht haben, ob sie lange genug gewartet haben und ob sie es nicht noch ein wenig länger aushalten können. Es wäre doch denkbar, dass sie die Situation falsch eingeschätzt haben. Und dass die lang ersehnte Veränderung ausgerechnet dann einsetzt, wenn sie sich gerade verabschiedet haben! Dann hätten sie alles umsonst aufgegeben. Oder?

Wie stehst du zu dem Gedanken: »*Ich kann nicht gehen! Denn: Was, wenn das ein Fehler wäre?*«
Kennst du ihn von dir?

Vielleicht bist du in dieser Frage auch gespalten? Dann geh beiden Impulsen auf den Grund:

Teilst du diesen Gedanken? Ist er für dich *ein Grund zum Bleiben*? Warum?

Teilst du diesen Gedanken nicht? Ist er für dich *kein Grund zum Bleiben*? Warum nicht?

Was möchtest du in diesem Kapitel für dich herausfinden?

Die Hoffnung stirbt zuletzt: Warum wir ihren Tod beschleunigen sollten

Prinzip Hoffnung

Hoffnung ist einer der größten Klebstoffe in toxischen Beziehungen. Die guten Momente in dem charakteristischen Auf und Ab nähren sie jedes Mal von Neuem.Und so sagen wir uns, dass es nur eine Phase sei und dass wir eines schönen Tages wieder neben diesem Wunderwesen aufwachen werden, in das wir uns einst verliebt hatten. Darum bleiben wir.

Nimm daher mal alle deine Hoffnungen in Bezug auf deine Partnerschaft unter die Lupe:

1. Wenn ich nur ______, wird alles gut.
2. Wenn er/sie nur ______, wird alles gut.
3. Ich muss ______, dann ______
4. Es wäre zu früh, zu gehen, denn es könnte noch ______
5. Ich denke, dass es nur ______ ist.
6. Wenn ______
7. ______
8. ______
9. ______
10. ______

Welchen Effekt haben deine Hoffnungen? Ändern sie dein Verhalten? Wie?

1. ______
2. ______
3. ______
4. ______
5. ______
6. ______

7. __________
8. __________
9. __________
10. __________

Und jetzt nimm mal die optimistische Brille ab und setz die realistische auf: Welche dieser Hoffnungen ist berechtigt? Welche konkreten Beobachtungen stützen sie?

1. __________
2. __________
3. __________
4. __________
5. __________
6. __________
7. __________
8. __________
9. __________
10. __________

Hand aufs Herz: Wenn du deine Hoffnungen aufgeben würdest, was würde dann passieren?

1. __________
2. __________
3. __________
4. __________
5. __________
6. __________
7. __________
8. __________
9. __________
10. __________

Was ist dein Fazit zum Thema Hoffnung? Möchtest du weiter an deinen Hoffnungen festhalten oder ist es Zeit, sie aufzugeben?

»Die Hoffnung hat zwei schöne Töchter. Sie heißen
Wut und Mut.
Wut darüber, dass die Dinge so sind, wie wir sie sehen.
Mut, um sie so zu gestalten, wie sie sein sollten.«

Augustinus

Denkfehler: Nicht alles, was du denkst, ist wahr

Von Mäusen und Menschen

Manchmal sind Menschen in einem Zustand, in dem sie sich jünger fühlen und verhalten, als sie eigentlich sind. In der Psychologie nennt man das *(Alters-)Regression.* Wir wollen anderen gefallen wie früher unseren Eltern, wir verbergen Stärken oder Erfolge (z. B. unsere Intelligenz) oder sind damit beschäftigt, niedlich zu sein.

Dass wir quasi zum *inneren Kind* werden und die Erlebnisse mit unseren Eltern auf unsere Partnerin/unseren Partner projizieren, ist eine Dynamik, die in vielen Partnerschaften vorkommt. Wenn sich nicht im Hier und Heute zwei Erwachsene begegnen können, führt das in der Regel zu Problemen.

Sich nicht zur vollen Größe aufzurichten, ist aber auch und gerade für narzisstische Beziehungen typisch. Betroffene spüren oft intuitiv, dass ihr Gegenüber mit einer Beziehung auf Augenhöhe nicht klarkäme. Unbewusst machen sie sich klein, um die Beziehung nicht zu gefährden. Das kann auch etwas sein, das wir aus dem Elternhaus kennen und daher automatisch tun – besonders dann, wenn unser Gegenüber uns unterschwellig dazu ermuntert.

Beispiel:
Elvira möchte studieren. Ihr innerer Kritiker sagt, sie sei zu dumm und zu alt dazu. Ihr Partner meint das auch. Wenn sie sich dennoch einschriebe – würde er ungemütlich werden oder sie gar verlassen?

Die Selbstentmündigung hat das Ziel, die Beziehung zu erhalten. Dabei wird auf alte Überzeugungen zurückgegriffen; aktuelle Ressourcen geraten aus dem Blick.[37]

1. Den erwachsenen Menschen zurück ans Ruder lassen[38]

1. Beobachte, wann du dich jünger fühlst, als du bist, und notier ein paar dieser Situationen:

____

____

2. Wodurch wird dieser Switch ausgelöst? Was sind die Trigger?

____

____

____

3. Woran merkst du, dass du »jünger wirst«?
(siehe Tabelle »Selbstbeobachtung« auf Seite 155)

____

____

____

4. Wenn dieses jüngere Selbst eine Facette deines inneren Kindes wäre – *was* für eine wäre das? Beschreibe die Eigenschaften dieser kleinen Version von dir.

____

____

5. Auch wenn die Strategie dieser kleinen Version von dir momentan womöglich kontraproduktiv ist – vermutlich ist sie da, um dir zu helfen: Was versucht sie für dich zu tun, indem sie sich nicht zur vollen Größe entfaltet?

____

____

____

6. Versucht dich dein inneres Kind vor einer schmerzhaften Wahrheit zu bewahren? Wenn ja: Vor welcher?

____

____

____

7. Inwiefern ist dieser Versuch von Erfolg gekrönt? Und was ist der Preis, den du dafür zahlst?

____

____

____

8. Wie geht es dir damit? Möchtest du das so beibehalten? Was sagt die erwachsene Person in dir dazu?

____

____

____

9. Falls du nicht länger in diese kindliche Rolle schlüpfen möchtest, experimentiere damit, wie du dich innerlich wieder

zu deiner vollen Größe aufrichten kannst. Vielleicht kannst du sogar lernen zu verhindern, dass du dich überhaupt kleinmachst. Wie könnte das gehen?

Ein paar Tricks, die dabei helfen können, dich nicht kleinzumachen:

- Wenn es möglich ist, vermeide die Auslöser der Regression.
- Alternativ kannst du …
  - … beobachten, was sich an dir verändert. Das bringt dich automatisch in eine erwachsenere Haltung, denn du schaust von außen drauf.
  - … versuchen, dich bewusst so zu verhalten wie dein *Erwachsenen-Ich* – oft zieht die äußere Haltung die innere nach sich. (Dabei hilft dir die Tabelle unten.)
  - … dich aufzurichten und gerade zu stehen oder zu sitzen, den seitlich geneigten Kopf wieder mittig auszurichten etc., kann dir ebenfalls helfen, wieder groß zu werden.
  - Wenn gar nichts hilft, schau, ob du dich im Alleinsein mit dir selbst oder im Kontakt mit einem stärkenden Gegenüber, das dich in deiner wahren Größe sieht, wieder voll entfalten kannst.
  - Vielleicht wirken auch Aktivitäten, die dich aus der Regression zurück in dein Erwachsenen-Ich bringen: Ein Spaziergang, Tanz, Kampfsport, Meditation, Schreiben oder etwas anderes, das dich zurück in deine Kraft kommen lässt. Was könnte dich dabei unterstützen?

10. (Wie) Verändert es deine Beziehung, wenn du dich nicht länger kleiner machst, als du bist, sondern das Miteinander aus deinem Erwachsenen-Ich heraus gestaltest?

11. Welche Konsequenzen ziehst du aus diesen neuen Entwicklungen?

2. Selbstbeobachtung

In dieser Tabelle kannst du deine Beobachtungen[39] notieren. Je besser du beide inneren Zustände kennst, desto leichter fällt es dir, bewusst zu wählen, in welchem du sein möchtest.

	Die kleine Version von mir	**Erwachsenen-Ich**
Gefühle	*Scham*	*Lebensfreude*
Gedanken	*Ich sollte nicht zu viele Ansprüche haben.*	*Ich darf meine Bedürfnisse ausdrücken.*
Verhalten	*Ich bleibe lieber im Gewohnten.*	*Ich traue mich, neue Abenteuer anzupacken.*
Körperempfindungen	*schlapp*	*energetisch*
Körperhaltung	*Ich mache mich klein.*	*Ich richte mich auf.*
Selbstwert	*Ich fühle mich mickrig.*	*Ich weiß, was ich wert bin.*
Sicht auf sich selbst	*auf Hilfe angewiesen*	*selbstständig*
Sicht auf die Partnerschaft	*ein sicherer Hafen*	*keine emotionale Sicherheit*
Sicht auf die Welt	*groß und beängstigend*	*voller Möglichkeiten*

Jetzt du:

	Die kleine Version von mir	**Erwachsenen-Ich**

3. Den Traum des inneren Kindes verstehen und ent-täuschen

Manchmal träumt das innere Kind in uns. Und auch der erwachsene, beobachtende Anteil in uns schläft und wacht nicht auf. Das kann wie eine *Wahrnehmungsverzerrung* wirken. Wir sehen nicht, was ist, sondern das, was wir sehen wollen, beziehungsweise das, was das innere Kind in uns sehen will. Zum Beispiel:

- Beim *Cinderella-Komplex* übernehmen wir nicht die Verantwortung für uns, sondern geben uns der Illusion hin, dass irgendwann jemand kommt, der uns rettet.
- Oder wir übertreiben das Gute und sehen über das Schlechte hinweg, damit die Beziehung dem Bild entspricht, das wir von ihr haben. Das kann so weit gehen, dass wir Menschen *idealisieren.*
- Oder wir probieren sogar, den Menschen an unserer Seite diesem Ideal anzupassen, was natürlich nicht gelingen kann.

Durch diese Versuche, mit Hilfe von unbewusstem Fantasieren der schmerzhaften Realität zu entkommen, werden wir folglich irgendwann nur umso stärker damit konfrontiert. Dann nämlich, wenn wir auf dem harten Boden der Realität aufschlagen.[40]

Gibt es einen Traum, den dein inneres Kind momentan träumt – vielleicht in Bezug auf deine Partnerschaft? Vielleicht sogar, um sie aufrechtzuerhalten?

____

____

____

Welche Gründe hat das Kind dafür, den Traum der Realität vorzuziehen? Wovor will es dich beschützen?

____

____

____

Was sagt dein Erwachsenen-Ich dazu? – Lass es einmal direkt sprechen:

»_______________________________________

____

_______________________________________«

Lass deine Erwachsenenperson mal in dein Inneres hineinhorchen:
Was bräuchte das innere Kind, um sich dem Rat des Erwachsenen-Ichs stellen zu können?

____

____

____

Wie geht es dir nach diesem Blick in deine Seele? Was brauchst du, um damit gut sein zu können?

____

____

____

____

____

Leinen los! Was dich sonst noch hält – und wie du es loslassen kannst

Werte – und wie sie benutzt werden können, um dich zu binden

Narzisstische Menschen haben (anders, als man angesichts ihres Empathie-Defizits erwarten könnte) ein gutes Gespür für ihr Gegenüber.

Sie kennen nicht nur unsere seelischen Intimbereiche, sondern wissen auch, was uns besonders am Herzen liegt.

Ähnlich wie für Gewaltbeziehungen[41] gilt auch für narzisstische Partnerschaften, dass *Werte* verwendet werden können, um der misshandelten Person buchstäblich ins Gewissen zu reden. Darum ist es wichtig, zu prüfen, an welchen Überzeugungen man dich zu fassen kriegen kann.

Schritt 1: An welche Werte wird in deiner Beziehung appelliert?

Ob in Worten oder zwischen den Zeilen – nicht selten wird an unsere Werte appelliert, um uns zu halten – eine spezielle Form von *Gaslighting*: Man pflanzt dir die Sorge ein, gegen deine Werte zu handeln, wenn du dich zu einer Trennung entschließt.

Welche deiner Werte werden durch deinen Partner/deine Partnerin angesprochen?
Markiere, worin du dich wiederfindest, und ergänze.

Appell (verbal/nonverbal)	Werte (viele weitere möglich)
»Die Ehe ist heilig!«	*Religion*
»Wir lieben uns doch!«	*Liebe, Verbundenheit*
»Es heißt: In guten wie in schlechten Zeiten! Du kannst nicht einfach gehen, wenn es mal schwierig wird!«	*Loyalität, Hingabe, Verantwortung, Lernbereitschaft, Treue, Verlässlichkeit*

Appell (verbal/nonverbal)	**Werte (viele weitere möglich)**
Suggeriert, dass so intensive Gefühle und solche sexuelle Lust nirgendwo anders zu finden sind.	*Leidenschaft*
»Unsere Familien haben sich bei unserer Verbindung etwas gedacht!«	*Loyalität, Gehorsam, Hingabe*
»Was sollen die Leute denken!?«	*Anerkennung, Moral*
»Gott hat uns zusammengeführt!«	*Spiritualität, Religion, Hingabe*
Zeigt sich krank, unselbstständig, abhängig oder hilflos.	*Loyalität, Hingabe, Verantwortung, Fairness, Pflichtgefühl, Solidarität, Nächstenliebe*
Macht deutlich, dass der Wohlstand nach der Scheidung enden würde.	*Anerkennung, Sicherheit*

Schritt 2: An welche Werte appelliert dein Umfeld?

Auch aus anderer Richtung – wie zum Beispiel aus dem Bekanntenkreis oder der Familie – kann der ausgesprochene oder subtile Appell an unsere Werte kommen. Eventuell sind Menschen – gegebenenfalls auch ohne das zu wissen – als *Flying Monkeys* von der narzisstischen Person in Dienst genommen worden. Oder sie sind einfach genauso gegaslightet worden wie wir und haben (im Gegensatz zu uns) noch keinen Blick hinter die Maske geworfen.

So oder so kann es uns Druck machen, wenn beispielsweise in der Meditationsgruppe alle entsetzt sind, dass wir uns »grundlos« von so einem »herzensguten Menschen« trennen – oder Ähnliches. Gerade bei verdecktem Narzissmus kommt es zu solchem wertebasiertem *Gaslighting* durch Dritte.

Hast du so etwas bereits erlebt?
Oder befürchtest du, es könnte dazu kommen, wenn du gehst?
Markiere, was auf dich zutrifft, und ergänze.

Appell (verbal/nonverbal)	**Werte (viele weitere möglich)**
Die Pastorin regt an, bei unseren Beziehungsproblemen die andere Wange auch hinzuhalten und zu verzeihen.	*Religion, Vergebung, Nächstenliebe*
Vater: »Eine Ehe gibt man nicht einfach so auf!«	*Verantwortung, persönliches Wachstum, Loyalität, Treue, Verbindlichkeit*
Der gemeinsame Bekanntenkreis hat signalisiert, dass er bei einer Trennung parteiisch wäre.	*Anerkennung, Verbundenheit, Freundschaft*

Schritt 3: An welche Werte appellierst du selbst?

Aber wir brauchen gar keine anderen Menschen, um uns einzureden, dass Zusammenbleiben die vermeintlich sicherste oder moralisch richtige Lösung wäre. Das können wir auch ganz gut alleine – eine Art *Selbstgaslighting*. Es lohnt sich, ihm auf die Schliche zu kommen:

Was sagst du dir selbst in Bezug auf die Frage »*Bleiben oder Gehen?*«?
Welche Befürchtungen verbindest du mit der Vorstellung, die Partnerschaft zu beenden?
Markiere, was für dich passt, und ergänze.

Selbstgaslighting	Werte (viele weitere möglich)
Ich kann sie doch nicht verlassen, wo es ihr so schlecht geht!	*Verantwortung, Loyalität, Treue, Fairness*
Wenn ich jetzt gehe, werde ich vermutlich nicht rechtzeitig wieder neu gebunden sein, um noch Kinder zu bekommen!	*Familie, Zugehörigkeit, Verbundenheit, Sinn*
Ich wollte doch keine Wegwerf-Beziehung!	*Loyalität, Zugehörigkeit, Verantwortung, Verbindung, persönliches Wachstum*

Schritt 4: Welche Befürchtungen stecken dahinter?

Oft knüpfen sich an die angesprochenen Werte Befürchtungen – beispielsweise über unsere Person oder unsere Zukunft. Um dem auf die Schliche zu kommen, werfen wir zunächst einen Blick auf das, was du bei den ersten drei Schritten dieser Reflexion herausgefunden hast:

Mit welchen Werten kann man dich grundsätzlich am stärksten überzeugen?

____

____

____

Frag dich nun, was der Grund dafür ist.
Liegt eine Befürchtung hinter dem Wert verborgen?
Markiere, worin du dich wiederfindest, und ergänze.

Wert	**Dahinterliegende Befürchtung**
Leidenschaft	*Ich habe Angst, nie wieder einen Menschen zu finden, der mich im Bett so befriedigt.*
Pflichtgefühl, Loyalität	*Wenn ich gehe, obwohl die Zeiten gerade so schwer sind, fühle ich mich wie ein schlechter Mensch.*
Verantwortung	*Wenn ich durch eine Trennung den Kindern die heile Familie raube, bin ich kein Stück besser als meine eigenen Eltern damals!*

Schritt 5: Wie kannst du deinen Werten gerecht werden?

In Schritt 4 haben wir gesehen, dass wir durch unsere Werte beeinflussbar sind. Denn wenn wir nicht nach ihnen leben, macht uns das Sorgen. Wir haben Angst, die Bedürfnisse nicht erfüllen zu können, die unseren Werten zugrunde liegen. Das kann uns in der Beziehung halten. Denn der Mensch an unserer Seite (und gegebenenfalls auch andere Menschen oder gar wir selbst) legt uns mitunter nahe, dass wir durch eine Trennung gegen unsere Grundprinzipien verstoßen würden. Doch ist das wirklich der Fall?

Die Kommunikationstechnik *Gewaltfreie Kommunikation* von *Marshall B. Rosenberg* lehrt uns, dass die Erfüllung unserer Bedürfnisse der Schlüssel zum Glück ist. Meist gibt es mehr als nur eine Strategie, um sie zu erfüllen. Und zuweilen sind wir mit der Strategie, die wir verfolgen, sogar auf dem Holzweg.

Daher lohnt sich die Frage, ob das Zusammenbleiben wirklich die einzige und beste Strategie zur Erfüllung der Bedürfnisse ist, die sich hinter unseren innersten Werten verbergen:

Wert	**Befürchtung**	**Bedürfnis (hinter der Idee, in der Beziehung zu bleiben)**	**Eignet sich die Trennung als Strategie zur Erfüllung des Bedürfnisses?**
Verantwortung	*Eine Trennung würde die Kindheit meiner Tochter zerstören.*	*Ich möchte eine gute Mutter sein und das Beste für meine Tochter tun. Sie soll eine möglichst glückliche Kindheit haben.*	*Wenn ich mich trenne, lebe ich meiner Tochter vor, dass man nicht alles mit sich machen lässt. Ich verhindere, dass sie denkt, alle Beziehungen seien so wie meine jetzige. Und ich zeige ihr, dass man sich schützen und zudem konstruktiv auseinandergehen kann.*

Wert	**Befürchtung**	**Bedürfnis (hinter der Idee, in der Beziehung zu bleiben)**	**Eignet sich die Trennung als Strategie zur Erfüllung des Bedürfnisses?**
Wertschätzung, Erfolg, Familie, Stabilität, Integrität	*Wenn meine Partnerschaft scheitert, ist das mein persönliches Versagen.*	*Ich möchte mir selbst ins Gesicht sehen können und in Übereinstimmung mit meinen Werten leben.*	*Tatsache ist: Ich kann abends schon lange nicht mehr in den Spiegel schauen. Wie ich mich behandeln lasse und was aus mir wird, ist weit jenseits meiner Wertvorstellungen. Erst eine Trennung würde bedeuten, Rückgrat zu zeigen und meine Würde zurückzuerlangen.*

Vielleicht ist eine Trennung nicht oder *noch* nicht die richtige Strategie für dich. Vielleicht ist es nicht die einzige. Oder sie sollte von anderen Strategien flankiert werden.

Welche weiteren Strategien könnten das Bedürfnis, das dir ein Anliegen ist, erfüllen?

Bedürfnis	**Weitere Strategien zur Erfüllung des Bedürfnisses**
Ich möchte eine gute Mutter sein und das Beste für meine Tochter tun. Sie soll eine möglichst glückliche Kindheit haben.	• *Trennung (siehe Tabelle oben).* • *Mit der Anwältin bezüglich guter Sorgerechtsregelungen beraten. Diese sollen meiner Tochter erlauben, weiter beide Eltern zu erleben, aber möglichst großen Schutz vor den Launen ihres Vaters zu genießen.* • *Recherchieren, was ich tun kann, damit die gemeinsame Elternschaft so harmonisch wie möglich verläuft.* • *Gegebenenfalls therapeutische Begleitung für meine Tochter suchen, damit sie gut durch die Trennungsphase kommt – und durch den herausfordernden Kontakt mit ihrem Vater.* • *Selbst Therapie machen, um mich seelisch nicht auf meine Tochter zu stützen.* • *Pädagogische Beratung in Anspruch nehmen, damit ich weiß, wie ich meine Tochter stärken kann.*
Ich möchte mir selbst ins Gesicht sehen können und in Übereinstimmung mit meinen Werten leben.	• *Trennung (siehe Tabelle oben).* • *Ich mache eine Therapie, um das im Blick zu behalten.* • *Ich beginne, respektloses Verhalten zurückzuweisen und Konsequenzen daraus zu ziehen.* • *Ich lese Bücher über das Grenzen-Setzen.*

Schritt 6: Fazit

Was hast du über Werte herausgefunden? Spielen sie eine Rolle dabei, dich in der Partnerschaft zu halten? Wenn ja: welche?

____

____

____

Werte – und wie du eine gute Mitte für dich finden kannst

Sich zu verändern, kann Angst machen: *Bewege ich mich zu weit von den Werten weg, die mich ausmachen?*, fragen wir uns. Das lässt sich gut mit dem Werte- und Entwicklungsquadrat darstellen:

Das Werte- & Entwicklungsquadrat (nach Schulz von Thun):[42]
Grenzen setzen

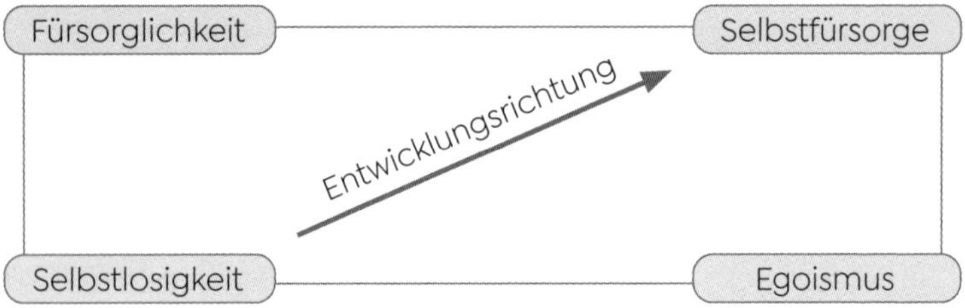

Beispiel:
*Bettina merkt, dass sie Grenzen setzen und auch mal an sich denken muss, um sich vor dem übergriffigen Verhalten ihrer Partnerin Lisa zu schützen (**Selbstfürsorge**). Das ist neu für Bettina. In den letzten Jahren hat sie zugunsten der Harmonie darauf verzichtet, sich um ihre Gesundheit, ihre Karriere und ihre Interessen zu kümmern. Sie hat Lisa den Rücken freigehalten und sich angepasst (Selbstlosigkeit).*

*Als Bettina begann, sich mehr um sich selbst zu kümmern, warf ihr Lisa **Egoismus** vor. Das schmeckte Bettina natürlich überhaupt nicht, denn für sie ist **Fürsorglichkeit** ein zentraler Wert. Darum hat sie nun erst recht Hemmungen, klar zu äußern, was sie braucht.*

Von außen betrachtet, sieht man ganz deutlich: Bettina ist meilenweit davon entfernt, egoistisch zu sein: Dass sie etwas mehr auf sich achtgibt, macht sie noch lange nicht zu einer Egoistin. Doch dieses Extrem »stinkt« sozusagen, wie wir es in der Kommunikationspsychologie flapsig sagen, aus dem »Keller der Unwerte« hoch: Sobald Bettina sich ein wenig in Richtung Selbstfürsorge entwickelt, hält sie sich für egoistisch. Lisas Anklage nährt diese Sorge.

Das *Werte- und Entwicklungsquadrat* könnte Bettina helfen, zu verstehen, dass Abgrenzung nicht gleich Egoismus ist und dass sie gerade mit sanftem Druck auf ihre Werte davon abgehalten wird, wichtige neue Qualitäten in sich zu entfalten. Warum? Weil sie dann unbequemer für ihr Gegenüber wird.

Erlebst du in der Beziehung ähnliche Vorwürfe wie Bettina?
Gibt es analog zu ihrem Beispiel einen Wert, der für dich wichtig ist, nach dem du allerdings im Übermaß lebst, so dass es dir guttäte, eine andere Qualität als Gegengewicht zu finden, die ihn besser ausbalanciert?

Vorwurf deines Partners/deiner Partnerin:
Beispiel: Du bist egoistisch! (Wenn du gerade ein bisschen mehr Selbstfürsorge trainierst.)

____

____

____

Dein (neues) Verhalten, das zu dem Vorwurf geführt hat und eine Beispiel-Situation:
Beispiel: Selbstfürsorge – Selfcare statt Fürsorge in der knappen Stunde Feierabend.

____

____

____

Werte- & Entwicklungsquadrat: ____________________

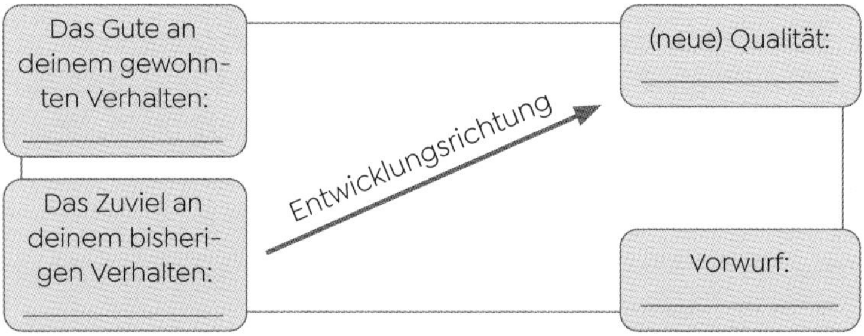

Tatsächlich können wir häufig sehr viele gute Schritte Richtung Veränderung gehen und sind noch lange nicht in Gefahr, im »Keller des Unwertes« zu landen, den wir vermeiden wollen.

In Bettinas Beispiel sähe das so aus:

Werte- & Entwicklungsquadrat: Grenzen setzen

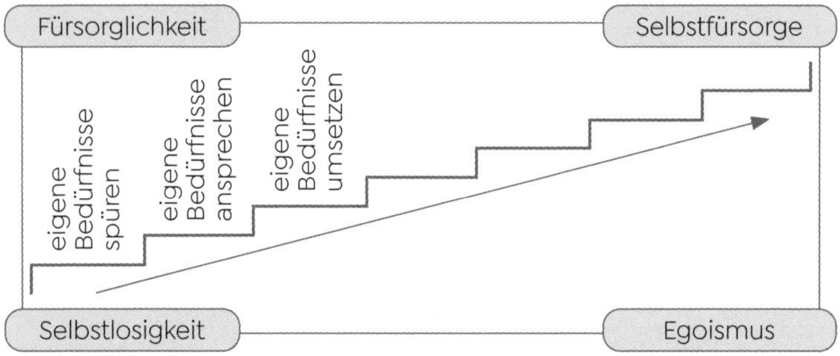

Welche Schritte fändest du stimmig, um langsam Selbstfürsorge zu lernen? Zum Beispiel: Tägliche Me-Time? Oder Meditation, um die eigenen Bedürfnisse wahrzunehmen? Ergänze sie auf den Treppenstufen. Beginne links mit den nächsten kleinen Schritten, bis hin zu den großen Sprüngen rechts. Welche Schritte in die Entwicklungsrichtung, die du oben in deinem eigenen Wertequadrat herausgearbeitet hast, möchtest du dir selbst ans Herz legen?

Werte- & Entwicklungsquadrat:

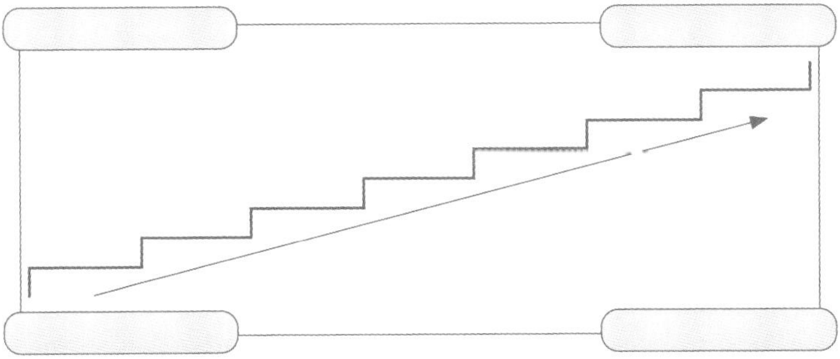

Das beschriebene »Wertegerangel« kann in allen Beziehungen vorkommen, nicht nur in Partnerschaften und schon gar nicht nur in toxischen. Wenn sich ein Mensch verändert, trifft das nicht immer auf Begeisterung. Wir haben uns daran gewöhnt, wie dieser Mensch ist. Das geben wir nicht so gern auf. Schon gar nicht, wenn es uns zupass kommt.

In toxischen Beziehungen kann diese Entwicklung jedoch verstärkt gegen Ende hin auftreten: Wenn wir merken, dass uns unser bisheriges Verhalten in der Partnerschaft nicht guttut, und beginnen, es zu ändern, müssen wir mit erbittertem Widerstand rechnen. Häufig in Form solcher unschönen Zuschreibungen, wie Bettina sie erleben musste.

Wie geht es dir jetzt mit dem (Selbst-)Vorwurf? Trifft er dich noch?

Dein Fazit zu Kapitel 5

Wie stehst du inzwischen zu dem Gedanken: »*Ich kann nicht gehen! Denn: Was, wenn das ein Fehler wäre?*«

Vielleicht bist du in dieser Frage auch gespalten, dann geh beiden Impulsen auf den Grund:

Teilst du den Gedanken (noch)? Ist er für dich *ein Grund zum Bleiben*? Warum?

Teilst du den Gedanken nicht (mehr)? Ist er für dich *kein Grund zum Bleiben*? Warum nicht?

Was nimmst du aus diesem Kapitel mit? (Wie) Hat sich deine Haltung dadurch verändert?

6.

... und wenn es doch an mir liegt?

Raus aus der Schuld-Falle!

Liegt es an mir?

Fragst du dich manchmal, ob es an *dir* liegt, dass ihr nicht miteinander klarkommt? Hältst du dich für beziehungsunfähig oder fragst du dich gar, ob du selbst narzisstisch bist? Dann bist du nicht allein. Oft fällt Betroffenen nicht auf, dass der Mensch, mit dem sie zusammenleben, die Ursache für die Schwierigkeiten ist. Denn sie sind viel zu sehr damit beschäftigt, sich schuldig zu fühlen.

Viele Betroffene sagen:
»Ich kann nicht gehen! Denn: Was, wenn es doch an mir liegt?«

Kennst du diesen Gedanken von dir?

Vielleicht bist du in dieser Frage auch gespalten? Dann geh beiden Impulsen auf den Grund:

Teilst du diesen Gedanken? Ist er für dich *ein Grund zum Bleiben*? Warum?

Teilst du diesen Gedanken nicht? Ist er für dich *kein Grund zum Bleiben*? Warum nicht?

Was möchtest du in diesem Kapitel für dich herausfinden?

Täter-Opfer-Umkehr: »Du bist schuld!« und andere Märchen

Schuld – und wie sie bei dir landet

Schuld ist eine ständige Begleiterin in toxischen Beziehungen. Viele der Manipulationstechniken haben (zumindest unter anderem) zum Ziel, die Schuld bei dir abzuladen. Konfrontierst du dein Gegenüber beispielsweise mit den missbräuchlichen Verhaltensweisen, wirst du vermutlich irgendeine Form der *Täter-Opfer-Umkehr* erleben und so in die Annahme hinein gegaslightet werden, dass in Wirklichkeit alles an *dir* liegt. Zum Beispiel wird dir vorgeworfen, dass deine Unarten der Auslöser seien, oder man zählt dir deine Verfehlungen von Anno Knips auf. Vielleicht erlebst du auch einen Wutausbruch, in dessen Verlauf du für alles die Schuld bekommst, oder dir werden durch Schweigen (*Silent Treatment*) Schuldgefühle gemacht. So oder so findet keine Übernahme von Verantwortung statt, sondern es geht um Schuld – und die liegt immer bei dir. Oder zumindest bei anderen. Nie aber bei der narzisstischen Person. Auch bei der *emotionalen Erpressung (»Wegen dir geht es mir so schlecht!«)* werden Schuldgefühle eingesetzt, um beim Opfer das gewünschte Verhalten zu erzielen.

> *»Das Schuldgefühl hindert uns daran, die Dinge klar zu sehen.«*
>
> Doris May Lessing

Durch welche der folgenden Manipulationstechniken wird dir in deiner Partnerschaft Schuld in die Schuhe geschoben? Schreib für alle Manipulationen, die du wiedererkennst, ein Beispiel nach dem folgenden Muster auf:

1. Was ist vorgefallen? Wer hat was gesagt?
2. Was wurde durch die Schuldverschiebung erreicht – welches Verhalten deinerseits, welche Veränderung im Machtgefüge?
3. Wie hast du dich im Anschluss gefühlt?

Gaslighting

Verdrehung der Wirklichkeit

Beispiel:

1. Was ist vorgefallen? Wer hat was gesagt?

»Stell dich nicht so an!« (Heißt: Ich mache nichts falsch, sondern du bist zu empfindlich!)

2. Was wurde durch die Schuldverschiebung erreicht – welches Verhalten deinerseits, welche Veränderung im Machtgefüge?

Keine Entschuldigung, keine Verhaltensänderung für die narzisstische Person nötig.

3. Wie hast du dich im Anschluss gefühlt?

Ich schäme mich für meine Gefühle und Bedürfnisse und denke, dass ich eine Zumutung bin. Ich reiße mich zusammen und versuche, meine Bedürfnisse künftig runterzuschlucken.

Dein eigenes Beispiel:

1. Was ist vorgefallen? Wer hat was gesagt?

____

____

____

2. Was wurde durch die Schuldverschiebung erreicht – welches Verhalten deinerseits, welche Veränderung im Machtgefüge?

____

____

____

3. Wie hast du dich im Anschluss gefühlt?

____

____

____

Täter-Opfer-Umkehr

Die Schuld bekommen für etwas, das dir angetan wird

Beispiel:

1. *»Ich gehe nur fremd, weil du mich nicht ranlässt!«*
2. *Nötigung zum Sex. Und/Oder Betrug ohne Reue.*
3. *Ich fühle mich mehrfach mies: Eifersüchtig und verletzt, selbst schuldig daran und verdammt dazu, meinen ehelichen Pflichten nachzukommen. Ich verliere die Lust, weil es sich nicht mehr ganz freiwillig anfühlt.*

Dein eigenes Beispiel:

1. Was ist vorgefallen? Wer hat was gesagt?

2. Was wurde durch die Schuldverschiebung erreicht – welches Verhalten deinerseits, welche Veränderung im Machtgefüge?

3. Wie hast du dich im Anschluss gefühlt?

Emotionale Erpressung

Zum Beispiel demonstratives Leiden, um deine Grenzen aufzuweichen

Beispiel:

1. *»Wenn du mich wirklich lieben würdest, würdest du nicht mit deinen Freunden in Urlaub fahren!«*
2. *Der Urlaub wird abgeblasen.*
3. *Ich will ihr nicht das Gefühl geben, verlassen zu werden, und vermeide Aktivitäten ohne sie.*

Dein eigenes Beispiel:

1. Was ist vorgefallen? Wer hat was gesagt?

____

____

____

____

____

2. Was wurde durch die Schuldverschiebung erreicht – welches Verhalten deinerseits, welche Veränderung im Machtgefüge?

____

____

____

____

____

3. Wie hast du dich im Anschluss gefühlt?

____

____

____

____

____

Schuldgefühle machen

Verbal, nonverbal, durch uneindeutige Botschaften (sogenannte Doublebind-Botschaften) etc.

Beispiel:

1. *Sie trägt ein offenherziges Dekolleté; er sagt, es sei o.k., sein Gesicht sagt etwas anderes.*
2. *Sie trägt immer seltener die Kleidung, in der sie sich wohlfühlt.*
3. *Ich fühle mich wie eine Hure! Er sagt es nicht, aber ich kann spüren, was er denkt. Ich bin seitdem nicht mehr frei im Kopf und frage mich immer, ob meine Klamotten für ihn o.k. sind.*

Dein eigenes Beispiel:

1. Was ist vorgefallen? Wer hat was gesagt?

2. Was wurde durch die Schuldverschiebung erreicht – welches Verhalten deinerseits, welche Veränderung im Machtgefüge?

3. Wie hast du dich im Anschluss gefühlt?

Silent Treatment

Stillebehandlung, Bestrafung durch Schweigen

Beispiel:

1. *Er fragt sie, ob er seine Freunde einladen kann. Sie sagt, es sei o.k., leidet aber demonstrativ schweigend den ganzen Abend über.*
2. *Er traut sich nicht mehr, Freunde nach Hause einzuladen.*
3. *Ich verzichte lieber auf meine Kumpels, als diese Kälte im Haus zu ertragen!*

Dein eigenes Beispiel:

1. Was ist vorgefallen? Wer hat was gesagt?

____

____

____

____

____

2. Was wurde durch die Schuldverschiebung erreicht – welches Verhalten deinerseits, welche Veränderung im Machtgefüge?

____

____

____

____

____

3. Wie hast du dich im Anschluss gefühlt?

____

____

____

____

____

____

Entwertung, Kritik

Hart oder scheinbar wohlmeinend, offen oder verdeckt

Beispiel:

1. *»Bist du sicher, dass du diese anspruchsvolle Position ausfüllen könntest? Du schaffst es ja nicht mal, uns zu ernähren!«*
2. *Er wagt es lieber nicht, den neuen Job anzunehmen, da ein Mensch, der ihn so gut kennt, Zweifel hegt.*
3. *Er bäckt finanziell also weiterhin kleine Brötchen und fühlt sich schuldig dafür.*

Dein eigenes Beispiel:

1. Was ist vorgefallen? Wer hat was gesagt?

2. Was wurde durch die Schuldverschiebung erreicht – welches Verhalten deinerseits, welche Veränderung im Machtgefüge?

3. Wie hast du dich im Anschluss gefühlt?

Projektion

Unbewusste Übertragung eigener Anteile aufs Gegenüber

Beispiel:

1. *»Wie kann man nur so selbstsüchtig sein!?«*
2. *Er traut sich nicht mehr, seine Grenzen klar zu ziehen.*
3. *Ich fühle mich, als sei ich ein schlechter Mensch, wenn ich nicht rund um die Uhr für sie da bin.*

Dein eigenes Beispiel:

1. Was ist vorgefallen? Wer hat was gesagt?

2. Was wurde durch die Schuldverschiebung erreicht – welches Verhalten deinerseits, welche Veränderung im Machtgefüge?

3. Wie hast du dich im Anschluss gefühlt?

Hier ist Platz für weitere Manipulationstechniken, durch die Schuld bei dir landet:

Wenn du dich rettest, bist du die Täterperson

Auch bei dem Versuch, sich zu trennen, kann Schuld eine tragende Rolle spielen. Klar, wer sie wie immer zugeschoben bekommt? Richtig: du! Und wieder gibt es verschiedene Absender für schuldinduzierende Gedanken …

Schuld vom Gegenüber

Wie gibt dir dein Partner/deine Partnerin Schuld, wenn du über Trennung nachdenkst? Kreise ein und ergänze:

- Das kannst du den Kindern nicht antun!
- Wie kannst du mich allein lassen in diesen schweren Zeiten!?
- Geh ruhig, ich komm schon klar! (Die Körpersprache sagt das Gegenteil.)
- Ich wusste ja gleich, dass du eine Schlampe bist!
-
-
-
-

Schuld von Dritten

Wie machen andere dir wissentlich oder unwissentlich Schuldgefühle? Kreise ein und ergänze!

- Die Ehe ist heilig!
- »In guten wie in schlechten Zeiten« ist mehr als nur ein frommer Wunsch!
- Was bist du nur für eine egoistische Rabenmutter!?
- Wer sich scheiden lässt, hat ein Bindungsproblem!
-
-
-
-

Schuld von uns selbst

Aber auch wir selbst können uns ganz schön die Hölle heißmachen! Kreise ein und ergänze:

- Ich bin eben beziehungsunfähig!
- Ich bin als Mutter/Vater gescheitert!
- Ich bin ja selbst schuld!
- Wenn ich nur etwas dickfelliger wäre!
-
-
-
-
-

Schuld ist keine gute Beraterin!

Durch die Traumabindung, die wir erleben, sind wir nur allzu bereit, uns den Schuld-Schuh erneut anzuziehen. Du kannst mal versuchen, was passiert, wenn du in den Streik trittst.

Immer, wenn du merkst, dass du etwas aus Schuldgefühlen heraus tust, halte inne. Prüfe, ob es andere Beweggründe für dich gibt, aus denen heraus du das tun möchtest. Falls nicht, finde einen Weg, dich anders zu entscheiden. *Tu nichts aus Schuldgefühlen heraus.* Das ist keine Motivation, aus der etwas Konstruktives erwachsen kann.

Welche Schuldgefühle halten dich von der Trennung ab?
Welche Schuldgefühle manipulieren dich dazu, Dinge tun, die du eigentlich nicht tun willst?[43]

Beispiel: Ich muss bleiben, weil ich meinen Kindern eine heile Familie ermöglichen möchte.

1. Ich muss ______________________________
2. Ich muss ______________________________
3. Ich muss ______________________________

4. Ich muss ______________________________
5. Ich muss ______________________________
6. Ich muss ______________________________
7. Ich muss ______________________________
8. Ich muss ______________________________
9. Ich muss ______________________________
10. Ich muss ______________________________

Probier mal aus, ob du diese Dinge auch ohne Schuldgefühle, sondern aus eigenem Antrieb heraus machen kannst. Schreib dazu testweise »*Ich will …*« davor. Spür in dich rein, ob sich das stimmig anfühlt. Wenn ja, mal einen lachenden Smiley dahinter, wenn nein, mal einen traurigen.

Beispiel: Ich will bleiben, weil ich meinen Kindern eine heile Familie ermöglichen möchte. ☹

1. Ich will ______________, weil ______________
2. Ich will ______________, weil ______________
3. Ich will ______________, weil ______________
4. Ich will ______________, weil ______________
5. Ich will ______________, weil ______________
6. Ich will ______________, weil ______________
7. Ich will ______________, weil ______________
8. Ich will ______________, weil ______________
9. Ich will ______________, weil ______________
10. Ich will ______________, weil ______________

Bei den Entscheidungen, die sich noch immer nicht ganz rund anfühlen und daher mit einem traurigen Smiley markiert wurden, finde andere Strategien, um deine Bedürfnisse zu erfüllen:

Beispiel: Ich will mich trennen, weil ich meine Kinder vor dem Ehestreit bewahren möchte.

Füll hier nur die Zeilen, die oben mit einem negativen Smiley markiert wurden:

1. ______________________________
2. ______________________________
3. ______________________________
4. ______________________________
5. ______________________________
6. ______________________________
7. ______________________________
8. ______________________________
9. ______________________________
10. ______________________________

Jetzt kommt der wichtigste Part: die Praxis!
Welche Erlebnisse machst du durch diese Übung? Wie verändert das dein Leben?
Verwandelt sich dadurch dein Blick auf deine Partnerschaft?

____

____

____

Scham – und wie sie verhindert, dass du tust, was nötig ist

Ein der Schuld ähnliches, aber oft noch verheerenderes Gefühl ist die *Scham*.

Während Schuld sich auf unser Verhalten bezieht, haben wir bei Scham nicht nur das Gefühl, einen *Fehler gemacht* zu haben, sondern *ein Fehler zu sein*. Auch diese Emotion kann uns in toxischen Beziehungen festhalten – und zwar auf mehrfache Weise:

- *Scham ist der zentrale Affekt narzisstischer Menschen.* All ihre Manipulationstechniken dienen dazu, die empfundene eigene Mickrigkeit nicht spüren zu müssen. Dazu wird die Scham bei *uns* abgeladen – zum Beispiel durch Projektion, Abwertung oder Rage. Ob durch die Übergriffe selbst oder durch den Versuch, diese Attacken zu verhindern – wir beginnen, uns für unsere Eigenschaften und Bedürfnisse zu schämen.

- Wenn wir in Erwägung ziehen, die ungesunde Beziehung zu verlassen, werden wir (oft in einer Mixtur mit Schuldzuweisungen) beschämt – von Partner oder Partnerin oder von Dritten.
- Auch wenn wir bleiben: Beschämung! Von anderen: »*Wie kannst du das weiter mitmachen!?*«, und von uns selbst: »*Wieso lasse ich mir das bieten!?*«
- Gesellschaftlichen Normen nicht zu entsprechen (nicht glücklich genug zu sein, Missbrauch zu erleben, sich scheiden zu lassen etc.), kann ebenfalls zu Scham führen.[44]

Toxische Scham ist ein Gefühl, das uns lähmt. Es sorgt dafür, dass wir selbst nicht hinsehen wollen und dass wir die vermeintlichen Schwachstellen auch vor anderen verstecken. Außerdem sind wir nicht in unserer Kompetenz, sondern fühlen uns klein und handlungsunfähig. So isolieren wir uns weiter, verdrängen und fühlen uns nicht stark genug, die nötigen Schritte zu tun. Scham verhindert, dass wir uns entwickeln und selbstfürsorglich handeln. Das kann ein richtiger *Teufelskreis* sein: Wir schämen uns, weil wir nicht gut auf uns achtgeben; und weil wir nicht gut auf uns achtgeben, schämen wir uns.[45]

Es ist also zentral, nicht vor der Scham davonzulaufen, sondern uns zu »ent-schämen«. Folgendes kannst du dazu tun:

1. Mach dir bewusst, dass deine Geschichte kein Grund ist, sich zu schämen: Es ist einfach, was es ist: narzisstische Misshandlung ob in der Ursprungsfamilie, der Partnerschaft, der Arbeit oder einer Freundschaft. Wie du behandelt wirst, hat nichts mit dir und alles mit den anderen zu tun.
2. Such den Kontakt zu Menschen, vor denen du dich nicht schämen musst, mit denen du aber deine Scham teilen kannst, weil

sie dir, wie die Scham-Forscherin *Brené Brown* sagen würde, ein *»Ich auch!«*, ein *»Ich kenne das!«* schenken.

3. Wenn die Wurzeln deiner Scham in deine Kindheit zurückreichen, sieh hin – nötigenfalls mit professioneller Begleitung. Gerade wenn wir in narzisstischen oder anderen traumatisierenden Elternhäusern aufgewachsen sind, haben wir gelernt, uns für das zu schämen, was uns angetan wird, und letztlich für unsere ganze Person. Ein Einfallstor für toxische Beziehungen.
4. Weinen kann Scham auflösen. Wenn du dich schämst, schau, ob da ein Schmerz seinen Weg sucht, sich auszudrücken. Gib ihm Raum. Halte dich fest. Achte darauf, ob und in welchem Rahmen du das allein tun kannst oder ob es ein therapeutisches Setting braucht.
5. Die andere Seite der Scham-Medaille ist *der innere Kritiker* (oder die innere Kritikerin – es ist unterschiedlich, wie wir *Teilpersönlichkeiten* wahrnehmen). Er ist es, der dich beschämt, indem er dir Botschaften sendet wie *»Du hast es nicht anders verdient!«* oder *»Du bist es nicht wert!«*.
6. Vielleicht spürst du irgendwann eine Wut auf den Kritiker in dir aufsteigen? Dann folge ihr! Denn da gehört sie hin: zu dieser Stimme, die dich kleinhält. Und zu den Menschen, die dazu beigetragen haben, dass eine solche Stimme in dir wohnt. Statt die Wut nach innen zu richten, richte sie als Abgrenzung nach außen: Nutz die Wut statt zur Selbstzerfleischung dazu, dich zu schützen.
7. Vielleicht stellst du im Folgenden fest, dass du der kritischen Stimme in dir auch mit Verständnis begegnen kannst.

Wofür schämst du dich in Bezug auf deine Partnerschaft?

Beispiel: Ich schäme mich, wenn meine Kinder miterleben, wie meine Frau mich abkanzelt.

Was möchtest du tun, um dich zu ent-schämen?

Beispiel: Wenn meine Frau mich noch mal vor meinen Kindern niedermacht, werde ich das Gespräch sofort unterbrechen, bis sie wieder vernünftig mit mir redet.

____

____

____

____

____

Unsere eigene *narzisstische Wunde*, aber auch die Beschämung durch eine uns nahestehende narzisstische Person kann Scham in uns auslösen. Beides kann uns in ungesunden Beziehungsgeflechten halten. Daher kann es hilfreich sein, den Wurzeln der Scham auf die Spur zu kommen. Dazu findest du viele Impulse auf der Literaturliste im Anhang.

Die kritische Stimme als Botschafterin deiner Bedürfnisse

Alle Menschen haben sie, diese kritische Stimme im Kopf, die an uns herummäkelt. Eigentlich meint sie es gut: Schon als wir noch kleine Kinder waren, wollte sie, dass wir uns an die Regeln halten, damit wir geliebt werden, damit wir überleben. Denn als Kinder sind wir auf die Versorgung durch andere angewiesen. Doch manche inneren Kritiker (oder Kritikerinnen – wie klingt diese Stimme in *dir*? Männlich, weiblich oder ganz anders?) schießen etwas übers Ziel hinaus. So wird aus der Lösung von damals ein Problem von heute: Weil wir uns selbst negative Botschaften senden, empfinden wir Scham. Und Scham kann uns daran hindern, unser Leben so zu führen, dass es uns glücklich macht.

Wenn du mal so in dich hineinhorchst …

Vielleicht hat die kritische Stimme auch hilfreiche Weisheiten im Angebot? Mit Hilfe von *Gewaltfreier Kommunikation* kannst du sie aus der Generalkritik herausfiltern:

Bei der *Gewaltfreien Kommunikation (GfK)* unterscheidet man:

Die *Wolfssprache*, mit der wir sozialisiert wurden und die potenziell gewalttätig ist, weil sie beispielsweise Zwang für ein legitimes Mittel hält oder weil sie andere diagnostiziert.

Die *Giraffensprache*: Die GfK, die gewaltfreie Alternative, die Marshall B. Rosenberg erfunden hat. Hier geht es vorrangig um Gefühle und Bedürfnisse. Die Idee ist, dass genug für alle da ist und dass der Ausdruck unserer Bedürfnisse das Leben bereichert.

Wie so vieles in der Welt ist das Grundprinzip so einfach, dass es sich in vier simple Schritte bringen lässt – sie zu verinnerlichen ist allerdings eine Herausforderung:

Die vier Schritte der GFK

1. Präzise beobachten (statt zu bewerten).
2. Gefühle zum Ausdruck bringen (und sie nicht mit Gedanken verwechseln).
3. Bedürfnisse erkennen (und von Strategien zur Erfüllung von Bedürfnissen unterscheiden).
4. Bitten formulieren (die man – im Unterschied zu Forderungen – ablehnen kann).

Das Täterintrojekt

Der zerstörerischste innere Kritiker ist das sogenannte *Täterintrojekt*. Wenn wir Misshandlung erleben, verinnerlichen wir die Haltung der Täterperson. Oft spricht sie noch lange in unserem Inneren weiter – auch wenn ihr Vorbild längst aus unserem Leben verschwunden ist. Dieser seelische Mechanismus dient dazu, die Beziehung zur Täterperson aufrechterhalten zu können. Er verhindert aber, dass die Wut an die richtige Adresse geliefert wird: an die Person, die uns verletzt. Stattdessen richten wir sie in Form von beschämenden Selbstvorwürfen gegen uns selbst.

Ein Täterintrojekt kann sich monströs anfühlen. Tatsächlich steckt meist ein traumatisiertes inneres Kind dahinter, das uns davor bewahren will, noch einmal so verletzt zu werden. Verinnerlicht haben wir nämlich nicht nur die *Haltung der Täterperson*, sondern auch *unsere Beziehung zu ihr*.

Die Arbeit mit dem Täterintrojekt gehört in den sicheren Rahmen einer *Traumatherapie* – besonders dann, wenn das Täterintrojekt noch aus der Kindheit stammt.

Wenn du merkst, dass deine kritische Stimme kein gewöhnlicher innerer Kritiker ist, sondern beängstigende Ausmaße annimmt, überspring die Übungen dazu und such dir fachkundige Begleitung. Diese tiefen, emotionalen Schritte sollten gegangen sein, bevor du dich mit den folgenden, eher kognitiven Aufgaben auseinandersetzt. Sei achtsam mit dir und überfordere dich nicht!

Schritt 1: GfK mit dir selbst: Den inneren Kritiker mit Giraffenohren hören lernen

Wenn wir einen harschen inneren Kritiker haben, spricht der oft *Wölfisch* mit uns. Und zwar immer dann, wenn wir, wie Rosenberg sagen würde, »weniger als perfekt«[46] sind. Wir können lernen, unserem inneren Kritiker mit *Giraffenohren* zuzuhören. Statt dass er uns verletzt oder einschüchtert, würden wir dann hören, was seine Bedürfnisse sind.

Das kannst du dir vorstellen wie einen Knopf im Ohr: Das Schimpfen des Kritikers wird darin in *Bedürfnissprache* übersetzt.

Denk mal an eine Situation, in der die kritische Stimme in dir etwas Wölfisches zu dir gesagt hat.

Tipp: Im Anhang findest du unter »Weiterführendes« Links zu Listen mit Bedürfnissen und Gefühlen. Sich dort wiederzufinden, kann helfen, sich über die eigenen inneren Regungen klar zu werden.

Was deine kritische Stimme gesagt hat:

Beispiel: »Wie dumm kann man eigentlich sein!?! Mein Ex hatte doch recht: Ich krieg nichts auf die Reihe!«

»____

____«

Was war in dieser Situation passiert? Gab es zum Beispiel ein Missgeschick?

Beispiel: Ich habe mich um einen Job beworben und ihn aufgrund fehlender Qualifikation nicht bekommen.

____

____

Jetzt überleg mal, welche deiner Bedürfnisse durch die Situation selbst oder durch dein Verhalten in dieser Situation nicht erfüllt wurden.

Beispiel: Anerkennung, Selbstverwirklichung, Entfaltung, Autonomie …

Vielleicht merkst du jetzt schon, dass der Zorn deines Kritikers schmilzt und sich in die Gefühle verwandelt, die da waren, bevor du wütend auf dich selbst wurdest. Das sind oft weichere, verletzlichere.

Beispiel: Ich bin traurig, enttäuscht, unzufrieden, schäme mich …

Was könntest du tun, um mit diesen Gefühlen gut zu sein?

Beispiel: Ich könnte mir ein Bad einlassen und mein Tagebuch mit reinnehmen.

Und was könntest du tun, um jetzt oder zu einem günstigeren Zeitpunkt die Bedürfnisse zu erfüllen, die in der Situation unbefriedigt blieben?

Beispiel: Ich könnte mir vorübergehend einen anderen Job suchen und nebenbei meinen Abschluss nachmachen.

Vielleicht ist jetzt schon zu spüren, dass es dir besser geht. Vielleicht bist du jetzt traurig, dass deine Bedürfnisse gerade nicht erfüllt sind. Aber das ist meist ein angenehmeres (und vor allem konstruktiveres) Gefühl, als wütend auf dich selbst zu sein und dich innerlich zu beschimpfen. Außerdem dürftest du näher an dem sein, um was es eigentlich geht: deine Bedürfnisse. Sie zu erfüllen ist, was uns glücklich macht.

Aber vielleicht erlebst du auch gerade etwas ganz anderes? Hier ist Raum, es dir bewusst zu machen:

Verändert sich durch die »Übersetzung« in Giraffensprache etwas? Und wenn ja: was?
Beispiel: Ich bin zuversichtlich, dass ich meine Bedürfnisse bald erfüllen kann.

____

____

____

Schritt 2: Die kritische Stimme zur Beziehungs-Beraterin machen

Was sagt die kritische Stimme über dein Verhalten in Bezug auf deine Partnerschaft?
Beispiel: »Wenn du weniger schwierig wärst, gäbe es auch keinen Streit!« (Selbstgaslighting)

» _______________________________________

____

____

_______________________________________ «

Welche *Gefühle* hat die kritische Stimme offenbar? Mach eine Liste!
Beispiel: Sie scheint sehr verzweifelt und hilflos in ihrer Sorge um mich – sonst wäre sie nicht so aggressiv; sie will mich wachrütteln. (verzweifelt, hilflos, wütend, besorgt)

____

____

____

____

Welche *unerfüllten Bedürfnisse* stecken dahinter? Liste auf!
Beispiel: Sie möchte, dass ich in einer harmonischen Partnerschaft respektiert und geliebt werde. (Harmonie, Respekt, Liebe)

Wenn der innere Vorwurf der kritischen Stimme in Giraffensprache übersetzt würde, wie würde er lauten? Such dazu ein Gefühl und ein Bedürfnis aus den Aufzählungen eben und mach klar, wie sie zusammenhängen.
Beispiel: Wenn deine kritische Stimme in Giraffensprache übersetzt würde, klänge das so: »Ich bin verzweifelt, weil ich nicht weiß, wie ich in meiner Partnerschaft Harmonie herstellen kann.«

Diese Art von innerem Selbstgespräch ist schon viel leichter auszuhalten als Beschimpfungen.

Wie verändert diese Übersetzung der kritischen Stimme in Giraffensprache deine gefühlsmäßige Reaktion – also: Wie ging es dir mit dem Selbstvorwurf? Und wie geht es dir jetzt, wo du die kritische Stimme in Giraffensprache reden hörst?

Wie es mir vorher ging (kritische Stimme in Wölfisch)	**Wie es mir jetzt geht (kritische Stimme in Giraffisch)**
Beispiel: Ich habe mich geschämt. Ich dachte, ich bin schuld daran, dass wir so viel Streit haben. Darum habe ich mich anderen nicht mehr anvertraut. Das hat mich in der Beziehung gehalten. Ich hatte keinen korrigierenden Außenblick mehr von anderen. Mehr und mehr habe ich versucht, meine Bedürfnisse runterzuschlucken, damit wir nicht streiten – das ist aber auch keine Harmonie.	*Beispiel: Ich bin traurig. Denn mir ist nun noch klarer, wie heftig das ist, was ich in meiner Beziehung erlebe. Aber ich kann weinen. Und ich kann mir wieder vorstellen, mit anderen darüber zu sprechen.*

Wie es mir vorher ging (kritische Stimme in Wölfisch)	Wie es mir jetzt geht (kritische Stimme in Giraffisch)

Was kannst du tun, um der Erfüllung deines Bedürfnisses näherzukommen, das in der kritischen Stimme Ausdruck gefunden hat? *Beispiel: Ich ziehe in Erwägung, dass ich in dieser Partnerschaft keine Harmonie herstellen kann. Denn dazu gehören zwei. Ich kann allein Therapiestunden nehmen, um mir über die Beschaffenheit meiner Partnerschaft klar zu werden, und über die Frage, ob es Zeit ist, zu gehen.*

Projektion: Vom Leben als Leinwand

Angehimmelt und verteufelt

Projektion ist ein *Abwehrmechanismus*, den alle Menschen haben. Bei narzisstischen Personen liegt Projektion allerdings ganz oben im Werkzeugkoffer der Manipulationsstrategien. Dabei wird das Gegenüber zur Leinwand für das, was in der eigenen Seele los ist. Am Anfang der Partnerschaft, in der Lovebombing-Phase, werden wir idealisiert. Spätestens in der Entwertungs-Phase und beim Abschuss kommt es dann zur Abwertung.

Typisch für Narzissmus ist die Spaltung in ein *Größenselbst* und ein *Kleinheits-Selbst*. In der Idealisierungsphase werden wir zur Leinwand für das Größenselbst: Wir werden angehimmelt. Und durch die Nähe zu uns fühlt sich die narzisstische Person aufgewertet. Später werden wir zunehmend zur Leinwand für die empfundene eigene Mickrigkeit – wir werden kleingemacht.

Das drückt sich beispielsweise darin aus, dass uns negative Charaktereigenschaften unterstellt werden, oft auch narzisstische. Logisch, handelt es sich doch um Selbstanteile, die unser Gegenüber bei uns verortet, um sie nicht im eigenen Inneren spüren zu müssen!

Das kann in Form von Vorwürfen wie *»Du bist selbstsüchtig!«* geschehen oder auch nonverbal: Die hochgezogene Augenbraue, die uns suggeriert, dass wir faul sind, wenn wir uns einen Moment Ruhe gönnen.

Schritt 1: Negative Zuschreibungen bewusst machen

Welche negativen Zuschreibungen werden dir offen oder verdeckt angehängt?

Kreuze an und ergänze:

- ☐ Du bist faul!
- ☐ Du bist egoistisch!
- ☐ Du bist unsozial!
- ☐ Du bist nicht sexy!
- ☐ Du bist hässlich!
- ☐ Du bist eine Schande!
- ☐ Du bist dumm!
- ☐ Du bist ein Versager/eine Versagerin!
- ☐ Du willst immer im Mittelpunkt stehen!
- ☐ Du bist krankhaft eifersüchtig!
- ☐ Du guckst andere Männer/Frauen an!

Wie werden dir diese Botschaften vermittelt?

1. *Sie schwärmt immer von meinen Kollegen, die sich so im Job engagieren.*
2. *Das war seine Reaktion, als ich ihn abends nicht verwöhnen wollte, weil ich k.o. war.*
3. *Er hat behauptet, dass meine Freunde mich für unsozial halten.*
4. ______________________________
5. ______________________________
6. ______________________________
7. ______________________________
8. ______________________________
9. ______________________________
10. ______________________________

Schritt 2: Die Wirkung negativer Zuschreibungen verstehen

Welche dieser Botschaften verunsichern dich? Bezüglich welcher Eigenschaften hast du angefangen, dich selbst zu hinterfragen, an dir zu zweifeln oder andere Menschen zu interviewen, ob sie dich ebenfalls so sehen wie der Mensch an deiner Seite?

1. *Ich habe mich immer für ehrgeizig gehalten; jetzt frage ich mich, ob ich ein fauler Loser bin.*
2. ______________________________
3. ______________________________
4. ______________________________
5. ______________________________
6. ______________________________
7. ______________________________
8. ______________________________
9. ______________________________
10. ______________________________

Welche dieser dir zugeschriebenen Eigenschaften tragen dazu bei, dir die Schuld zu geben, und wenn ja, wofür?

1. *Es ist klar, dass es an mir liegt, dass wir uns kein großes Haus leisten können wie meine Kollegen.*
2. *Sie sagt: »Weil du so egoistisch bist, habe ich auch keine Lust mehr, etwas für dich zu tun!«*
   In der Folge ist es nicht mehr möglich, fehlende Unterstützung oder nachlassendes Interesse anzusprechen.
3. ______________________________
4. ______________________________
5. ______________________________
6. ______________________________
7. ______________________________
8. ______________________________
9. ______________________________
10. ______________________________

Schritt 3: Negative Zuschreibungen ablegen

Projektion zu erleben ist mehrfach grausam. Zum einen bekommt unser Selbstvertrauen Risse; wir übernehmen Verantwortung, die nicht unsere ist, und verbiegen uns, um alles wieder gut zu machen. Zum anderen ist es quälend, wenn der Lieblingsmensch dich plötzlich nicht mehr zu kennen und zu schätzen scheint und es so gar nicht möglich ist, dieses Bild wieder geradezurücken.

Hier findest du ein paar Anregungen, wie du dich dagegen wehren kannst, ein negatives (und noch dazu falsches) *Selbstbild* zu bekommen. Welche Methoden kommen für dich in Frage – kreuze an und ergänze:

- Dem eigenen Bauchgefühl trauen.
- Validation durch eine Vertrauensperson: *Bin ich wirklich so?*
- In Therapie oder Coaching die Situation analysieren, auf die sich mein Gegenüber bezieht: Bin ich an der Stelle wirklich krank-

haft eifersüchtig oder ist es vielmehr verständlich, dass ich mich in der Konstellation nicht wohlfühle?

- Mich fragen, ob der Vorwurf eventuell eher zum Verhalten meines Gegenübers passt als zu *mir.*
- Gespräche voll unkonstruktiver Schuldzuweisungen mit dem Hinweis darauf abbrechen, dass du gern wieder gesprächsbereit bist, wenn es konstruktiv und mit *Ich-Botschaften* weitergeht.
- Im inneren Selbstgespräch (nicht im Kontakt) Gegenargumente finden – zum Beispiel: Ich bin nicht faul; ich arbeite halbtags, kümmere mich um die Kinder, achte auf meine Grenzen, um fit zu bleiben …
- Sich vom Urteil des Gegenübers unabhängig machen. Zum Beispiel, statt immer wieder die eigenen Motive zu erklären, sagen: *»Wenn du mich so wenig kennst, kann ich auch nicht helfen!«*
- Nicht rechtfertigen! Aufhören, deine Beweggründe mehr als einmal zu erklären und dich zu verteidigen.
- Nur *eine* zweite Chance geben: Erklär dich genau *ein* Mal. Wer dir dann nicht glaubt, will oder kann dich nicht verstehen.
- Wenn dein Gegenüber nicht bereit ist, deiner Innenschau mehr zu glauben als seiner Interpretation, loslassen: Stell dich darauf ein, dass du diesen Menschen womöglich verlieren wirst, da er nicht bereit ist, dich zu hören und als die Person zu sehen, die du bist.

Was verändert es in eurer Dynamik, wenn du nicht mehr als Leinwand zur Verfügung stehst?
Wie geht es dir damit?
Beispiel: Wenn ich die Schuld nicht auf mich nehme, haben wir ständig Zoff. Ich bin mehr mit mir selbst im Reinen, aber zwischen uns entsteht eine unüberbrückbare Distanz. Ich habe Angst, dass wir uns verlieren, und fühle daher den Sog, die Verantwortung doch wieder zu übernehmen.

____

____

____

Lenkendes Lob

Doch nicht nur negative Einschätzungen deiner Person, auch positive Bilder von dir können dein Verhalten lenken. Bei dieser speziellen Form der *Triangulierung* werden wir durch den Vergleich mit echten oder abstrakten anderen Menschen gesteuert. Wer beispielsweise ständig hört: »*Du würdest mich nie einfach sitzenlassen wie mein Ex!*«, tut sich vermutlich schwer damit, zu gehen. Wer möchte schon gern das »Prädikat wertvoll« verlieren und genau so ein Arsch sein wie der Ex?

Sind dir diese oder ähnliche Aussagen bereits begegnet? Kreuze an und ergänze:

- Zum Glück bist du nicht so freizügig wie die meisten anderen Frauen in deinem Alter!
- Du bist so ein bescheidener Mensch – das ist so selten heutzutage!
- Du bist nicht so eine Schlampe wie meine Ex!
-
-
-

In welchen Situationen beeinflussen diese Aussagen (mehr oder weniger bewusst) dein Verhalten?
Beispiel: Wenn ich darüber nachdenke, ob ich mich trennen sollte, denke ich: Das kannst du nicht machen! Sie ist letztes Mal von ihrem Exmann so übel abserviert worden! So bin ich nicht!

Wie kannst du dich davon unabhängig machen, von Lob gelenkt zu werden?

Achtung Kleingedrucktes! Solche Vergleiche können in allen Beziehungen vorkommen. Entscheidend ist, ob du dich dadurch manipuliert fühlst. Werden solche Äußerungen verwendet, um dich am Gehen zu hindern?

Reaktiver Missbrauch: Wenn es dich an deine Grenzen bringt

Selbst schuld?

In narzisstischen Partnerschaften kommt es häufig zu etwas, das man in Fachkreisen als *reaktiven Missbrauch* bezeichnet: Das Opfer wird von der Täterperson so lange gereizt, bis das Opfer ausrastet und selbst Verhaltensweisen an den Tag legt, auf die es nicht stolz ist. Diese werden von der Täterperson als Beweis dafür verwendet, dass *sie* das *eigentliche* Opfer ist und nur aufgrund solcher Misshandlungen herausforderndes Verhalten zeigt – eine Form der *Täter-Opfer-Umkehr*.

Beispiel:

Martina schweigt schon seit fast zwei Tagen. Julian hält es nicht mehr aus. Er hat alles probiert. Er hat sich erkundigt, ob alles o.k. ist, er hat sich entschuldigt, obwohl er nicht wusste, wofür. Er hat versucht, sie aufzuheitern. Er hat gebettelt, Gesprächsangebote gemacht, ihr einen Tee gekocht, sie ebenfalls ignoriert – nichts half! Er ist am Ende seiner Kräfte. Dies wird wohl wieder mal ein Wochenende werden, von dem er sich die Woche über erholen muss. Als sie ihm beim Abendessen wieder schweigend gegenübersitzt, fährt er aus der Haut und wird laut. Es tut ihm sofort leid. Doch Martina, die unversehens ihre Sprache wiedergefunden hat, hält ihm vor: »Siehst du! Deshalb sage ich lieber nichts! Sonst wird man hier nur angeschrien!«

Julian fühlt sich schuldig: Liegt vielleicht doch alles an ihm?

Das Restwochenende macht er jedenfalls alles, was Martina glücklich macht. Er hat ein schlechtes Gewissen.

Gibt es Momente in eurer Beziehung, in denen du auf dein Verhalten nicht stolz bist? Wenn ja: Welche? Kreuze an und ergänze:

- ☐ Handys, Tagebücher, Kalender, Mails o. Ä. kontrollieren
- ☐ Hinterherspionieren
- ☐ Stalking in sozialen Netzwerken
- ☐ Wutausbruch
- ☐ beleidigtes (Zurück-)Schweigen
- ☐ Weglaufen
- ☐ Eifersüchtig machen
- ☐ Dinge werfen
- ☐ Festhalten
- ☐ Drohen
- ☐
- ☐
- ☐
- ☐
- ☐
- ☐
- ☐

Wie ist es zu diesen Ausrastern deinerseits gekommen?

____

____

Wurden deine Ausraster verwendet, um dir die Schuld an der Dynamik zwischen euch zu geben? Wenn ja: Wie?

____

____

Wie hast du dich daraufhin gefühlt und verhalten?

____

____

Wenn du mit dem Wissen um reaktiven Missbrauch auf diese Erlebnisse zurückblickst – verändert das deine Sicht darauf? Wenn ja: Wie?

Wie möchtest du in Zukunft mit solchen Situationen umgehen?

Bei der Suche nach einer anderen Herangehensweise an solche Situationen hilft dir vielleicht auch das nächste Kapitel.

Dein Verhalten verstehen

Reaktiver Missbrauch verunsichert uns nur noch mehr. Wieder gärt die Frage in uns, ob nicht doch *wir selbst* das Problem sind. Wir misstrauen uns. Wir beschuldigen uns. Das Gegenteil von dem, was wir brauchen: maximale *Selbstempathie*.

Schau dir mal ein paar der Verhaltensweisen an, für die du dich schämst. Lass nicht zu, dass die Scham bewirkt, dass du wegguckst. Dein Verhalten möchte dir etwas mitteilen. Was?

Mein unkonstruktives Verhalten	Was mein Verhalten mir sagen möchte	Wie ich mich konstruktiv um dieses Anliegen kümmern kann
Ich habe heimlich seinen WhatsApp-Chat gelesen.	*Sein Verhalten gibt mir Anlass zur Eifersucht; ich kann ihm nicht mehr vertrauen. Meine Versuche, das mit ihm zu klären, sind gescheitert; auch die Paartherapie hat alles nur verschlimmert, bis wir sie abbrachen.*	*Ich bin nicht mehr bereit, ohne Vertrauensbasis eine Partnerschaft weiterzuführen. Ich kläre in meiner Einzeltherapie ab, ob das Thema bei mir liegt oder ob ich zu Recht besorgt bin. Falls das so ist, werde ich Veränderung einfordern und notfalls Konsequenzen ziehen.*

Ich habe sie übelst beschimpft, als sie einer Aussprache mal wieder mit Gegenangriffen und Beschuldigungen aus dem Weg ging.	*Ich halte dieses passiv-aggressive Verhalten nicht mehr aus.*	*Ich werde Techniken lernen, wie ich unkonstruktive Gespräche abbrechen kann, bevor sie eskalieren. Und langfristig muss ich mich fragen, ob wir eine Gesprächsbasis für eine Partnerschaft haben.*

Wie geht es dir nach dieser Übung? Machst du dir noch Selbstvorwürfe? Oder hat sich dein Blick auf die Eskalationen gewandelt? Kannst du verstehen, wieso du so heftig reagiert hast?

____

____

____

Was würde die Selbstempathie dazu sagen?

____

____

____

Dein Fazit zu Kapitel 6

Wie stehst du inzwischen zu dem Gedanken: »*Ich kann nicht gehen! Denn: Was, wenn es doch an mir liegt?*«

Vielleicht bist du in dieser Frage auch gespalten, dann geh beiden Impulsen auf den Grund:

Teilst du den Gedanken (noch)? Ist er für dich *ein Grund zum Bleiben*? Warum?

Teilst du den Gedanken nicht (mehr)? Ist er für dich *kein Grund zum Bleiben*? Warum nicht?

Was nimmst du aus diesem Kapitel mit? (Wie) Hat sich deine Haltung dadurch verändert?

7.

… und wenn ich nie wieder so jemanden finde?

Rechtschreibkorrektur für Glaubenssätze

Finde ich je wieder so jemanden?

Es klingt paradox. Doch viele Menschen in toxischen Beziehungen hält die Sorge, dass sie womöglich nie wieder so einen Menschen finden – der sie so liebt, den sie so attraktiv finden, mit dem sie so guten Sex haben können, mit dem sie so viel verbindet. Sie leiden unter eben diesem Menschen und trotzdem ist es *diese* Frage, die sie umtreibt. In Selbsthilfeforen wird sie polemisch mit der Antwort »*Hoffentlich nicht!*« gekontert. Aber das muss man erst mal *fühlen* …

Wie stehst du zu dem Gedanken: »*Ich kann nicht gehen! Denn: Was, wenn ich nie wieder so jemanden finde?*«

Kennst du ihn von dir?

Vielleicht bist du in dieser Frage auch gespalten? Dann geh beiden Impulsen auf den Grund:

Teilst du diesen Gedanken? Ist er für dich *ein Grund zum Bleiben*? Warum?

___

___

___

Teilst du diesen Gedanken nicht? Ist er für dich *kein Grund zum Bleiben*? Warum nicht?

___

___

___

Was möchtest du in diesem Kapitel für dich herausfinden?

___

___

___

Mentale Fesseln: Negative Glaubenssätze

Einflüsterungen ausschalten

»*Und wenn ich nie wieder so jemanden finde!?*«, fragst du dich vielleicht zuweilen ängstlich. Doch Hand aufs Herz: Wäre das nicht genau das, was du *willst*? Nie wieder *so jemanden*? Nie wieder jemanden, der dich an den Rand deiner Kraft bringt? Nie wieder jemanden, der dich nachts durchs Internet irren lässt auf der Suche nach Antworten? Nie wieder jemanden, bei dem Liebe wehtut?

Und: Woher hast du überhaupt diese Idee, dass du nie wieder Liebe finden würdest? War das deine eigene Idee? Oder ist sie dir – explizit oder implizit – eingepflanzt worden?

Narzisstische Menschen vermitteln uns versteckte Botschaften. Oft dienen diese nicht nur dazu, uns kleinzumachen, damit sie sich groß fühlen können. Manche sind auch dazu bestimmt, uns zu halten, indem sie uns Überzeugungen mitgeben, die uns dazu bringen, die Partnerschaft nicht zu verlassen.

Ein Beispiel:

Malik sagt:	»Du hast Glück, dass du jemanden wie mich gefunden hast!«
Zwischen den Zeilen steht:	Ich bin zu gut für dich, du wirst nie wieder jemanden wie mich finden. Vermutlich wirst du überhaupt nie wieder jemanden finden.
Andrea glaubt:	Ich verdiene ihn nicht. Ich bin es nicht wert, geliebt zu werden. Ich werde nie wieder jemanden finden!

Es gibt eine bekannte Geschichte, die in Therapie und Coaching vielfach Verwendung findet. Darin geht es um einen Elefanten, der sein Leben lang in Gefangenschaft gelebt hat.[47]

Wie dieser Elefant, der als Kind gelernt hat, dass er sich von dem Pflock, an den er gekettet ist, nicht befreien kann, glauben auch wir unseren unsichtbaren Fesseln und überprüfen unter Umständen nicht, was passieren würde, wenn wir uns befreien könnten. Wer weiß denn: Vielleicht ergeht es uns wie dem inzwischen ausgewachsenen Elefanten, und der kleine Pflock, der uns mal gehalten hat, stellt längst kein ernstzunehmendes Hindernis mehr dar?

Um das herauszufinden, identifiziere zunächst die Ketten in deinem Kopf:

Welche kleinmachenden Glaubenssätze halten dich davon ab, dich zu trennen? Kreuze an und ergänze.

Negative Glaubenssätze:

- ______________________________ ist zu gut für mich.
- Ich muss dankbar sein, so eine Beziehung zu haben.
- Ich werde nie wieder jemanden finden, der so ____________________ ist.
- Ich werde nie wieder jemanden finden.
- Ich schaffe es nicht allein.
- Ich bin zu alt, um noch mal neu anzufangen.
- Wenn ich jetzt gehe, werde ich nie Kinder haben.
-
-
-
-
-
-
-

Wie sind dir diese giftigen Überzeugungen vermittelt worden?

Achtung! Gerade bei eher vulnerablem oder verdecktem Narzissmus kann das sehr subtil passieren!

Aussage/Verhalten	Implizite Botschaft	Eigener Glaubenssatz
a. *Beispiel:* *»So jemanden wie mich findest du nie wieder!«*	*Beispiel:* *Ich bin der beste Fang, den du kriegen kannst. Wage es ja nicht, zu gehen!*	*Beispiel:* *Es ist nicht möglich, eine Beziehung zu finden, die mich glücklicher macht.*
b. *Beispiel:* *Der narzisstische Partner bekommt keine Erektion und gibt seiner Partnerin die Schuld.*	*Beispiel:* *Du turnst mich nicht mehr an.*	*Beispiel:* *Ich bin nicht sexy; ich bin nicht gut im Bett; ich bin zu alt (für eine neue Beziehung).*
c. *Beispiel:* *Die narzisstische Partnerin inszeniert sich als äußerst abhängig und hilfsbedürftig.*	*Beispiel:* *Ich kann ohne dich nicht leben! Verlass mich nicht!*	*Beispiel:* *Es wäre egoistisch und unsolidarisch, mich jetzt zu trennen. Die Bedürfnisse anderer sind wichtiger als meine eigenen.*
1.		
2.		
3.		
4.		

Gedankengift verstehen

Was bewirken diese Glaubenssätze in deinem Leben?

Beispiel a.:
Ich traue mich nicht, mich zu trennen.

Beispiel b.:
Ich fühle mich nicht begehrenswert. Ich habe keine Lust auf Sex. Darum wirft er mir vor, zu wenig mit ihm zu schlafen.
Ich pflege mich nicht mehr – es hat ja ohnehin keinen Sinn! Man sieht es mir an. Ein Teufelskreis!
Ich glaube nicht, dass ich auf dem Dating-Markt noch mal eine Chance habe; ich bleibe lieber in der Beziehung.

Beispiel c.:
Ich schäme mich und verurteile mich für den bloßen Gedanken, sie eventuell zu verlassen. Es geht mir nicht gut in der Partnerschaft. Aber ich habe Angst, ein schlechter Mensch zu sein, wenn ich meine Partnerin in dieser schwierigen Situation allein lasse. Ich warte auf eine Phase, in der es ihr besser geht und ich ihr eine Trennung zumuten kann. Leider lebt sie von einer Krise zur nächsten.

Jetzt analysiere *deine* Beispiele:

1. ______________________________

____

____

2. ______________________________

____

____

3. ______________________________

____

____

4. ______________________________

____

____

Diese toxischen Aussagen und Verhaltensweisen haben nichts mit dir und alles mit deinem narzisstischen Gegenüber zu tun. Führ dir das vor Augen, indem du herausarbeitest, was dein Partner/deine Partnerin damit in Wirklichkeit sagt: Stell dir vor, die Person wäre in einen Topf mit Zaubertrank gefallen, der zu absoluter Selbstreflexion und Ehrlichkeit führt.

Aussage / Verhalten der narzisstischen Person	**Fiktiver Klartext der narzisstischen Person**
Beispiel: *Der narzisstische Partner bekommt keine Erektion und gibt seiner Partnerin die Schuld.*	*Beispiel:* *Ich bekomme keinen mehr hoch, weil ich mich unter Druck setze wegen der Scham, die ich ein Leben lang zu verdrängen suche.* *Außerdem kann ich mich emotional nicht öffnen und brauche immer neue Reize, um in Fahrt zu kommen. Da ich nicht imstande bin, meine Schwächen anzuerkennen (wie gesagt: die Scham …), gebe ich dir für alles die Schuld – dann fühle ich mich gleich besser. Außerdem: Vielleicht vergeht dir dann ja die Lust, dir jemand anderen zu suchen. Ich habe nämlich noch keinen Ersatz für dich und möchte dich noch etwas halten.*

Willst du das wirklich?

Manche der Annahmen, die dir in deiner Partnerschaft suggeriert werden, kannst du auch anhand einer Leitfrage überprüfen: *Willst du das wirklich?*

Was dir vermittelt wird	**Was du wirklich willst**
Beispiel: *So jemanden wie mich findest du nie wieder!*	*Beispiel:* *Gott sei Dank! Denn ich möchte endlich eine gesunde und liebevolle Partnerschaft führen!*

Das sind natürlich keine Antworten, die du dir für ein tatsächliches Gespräch zurechtlegst. So patzig zu reagieren, könnte bei deinem Gegenüber leicht eine *narzisstische Kränkung* verursachen und bestrafendes Verhalten beziehungsweise eine Eskalation der Spannungen nach sich ziehen. Aber innerlich kann es sehr stärkend sein, zu wissen, dass du den Köder, der für dich an die Angel gehängt wurde, gar nicht willst. Das macht dich unabhängig und weniger manipulierbar oder verletzlich.

Das Mindset ändern: Glaub doch, was du willst!

Stärkende Annahmen formulieren

Auch wenn die oben beschriebenen Urteile überhaupt nichts über deinen Wert sagen, sondern lediglich über die verzerrte Denkweise deines Gegenübers – diese Botschaften haben dich geprägt! Darum ist es wichtig, dass du sie durch heilsamere Annahmen überschreibst.

> *»Glaubenssätze sind die Programmiersprache des Selbstwertgefühls.«*
>
> Stefanie Stahl[48]

Positive Glaubenssätze sollten möglichst so formuliert sein:

- kurz
- positiv (das Gehirn kennt keine Verneinungen)
- persönlich (ich, mir, mein)
- in der Gegenwart

Der neue Glaubenssatz sollte nicht zu übertrieben gewählt werden, darf aber zum Reinwachsen sein. *»Ich bin inkompetent«* sollte also beispielsweise nicht mit *»Ich bin die Beste«* überschrieben werden. Das ist weder eine gesunde Einstellung, noch ist es (für nicht narzisstische Menschen) leicht, so einen Superlativ ernst zu nehmen. Allerdings ist es nicht erforderlich, den neuen Glaubenssatz sofort für wahr zu halten.

Das darf sich anfühlen wie ein Kleidungsstück, das eine Spur waghalsiger ist, als wir es gewohnt sind: Es hängt ein paar Monate im Schrank. Irgendwann trauen wir uns, es erstmals anzuziehen. Und nach einer Weile kommt es uns vor, als hätten wir nie etwas anderes getragen.

Negativer Glaubenssatz	Positiver Glaubenssatz
Ich bin nicht attraktiv.	*Ich mag mich, wie ich bin.*
Ich werde nie jemanden finden, der mich wirklich liebt.	*Ich verdiene es, geliebt zu werden.* *Ich bin liebenswert.*
Ich muss für andere da sein.	*Ich darf glücklich sein.* *Es ist meine Verantwortung, für mich einzutreten.*

Neue, stärkende Glaubenssätze aufzuschreiben, ist natürlich nur das eine. Der wesentliche Schritt folgt erst: lernen, an sie zu glauben. Dazu ist es wichtig, dass du in Erwägung ziehst, dass deine bisherigen Annahmen über dich und die Welt falsch sein könnten. So kriegst du gedanklich einen Fuß in die Tür.

Folgende Dinge kannst du tun, um die neue Denkweise sacken zu lassen:

- Die *Affirmationen* nach dem Aufwachen oder vor dem Einschlafen lesen oder vor dich hinsprechen.
- Die Sätze unter der Dusche oder bei einem Spaziergang singen.
- Die Glaubenssätze aufschreiben und bei dir tragen.
- Mach dir die Sätze zum Bildschirmhintergrund, häng sie als Post-it an die Wohnungstür, schreib sie mit Lippenstift auf den Spiegel, hab einen Erinnerungszettel im Portemonnaie, graviere sie in ein Schmuckstück.

- Probier in niederschwelligen Situationen aus, was passiert, wenn du dich dem neuen Glaubenssatz entsprechend verhältst. Wenn du beispielsweise übst, deine Bedürfnisse für berechtigt zu halten, bitte im Restaurant zu Trainingszwecken jedes Mal um einen anderen Tisch als denjenigen, den man dir zuweist.
- Schließ einen Pakt mit einem vertrauten Menschen, eine spezifische Handlung an den Tag zu legen, die für den neuen Glaubenssatz charakteristisch ist. Wenn du beispielsweise trainieren willst, dir etwas zuzutrauen, beantworte die Frage »*Kannst du das übernehmen?*« grundsätzlich mit »Ja!«, so dass du erlebst, was du kannst, und dazulernst, wo noch was hakt. Die alte Überzeugung kann dich so nicht mehr ausbremsen.
- Lass dich von Vorbildern inspirieren, die den neuen Glaubenssatz verinnerlicht haben. Das können Menschen aus deinem Umfeld, Personen des öffentlichen Lebens oder fiktive Charaktere aus Büchern oder Filmen sein.

Besonders wirkungsvoll ist das Was-wäre-wenn-Experiment:

Das Was-wäre-wenn-Experiment

1. Einen Glaubenssatz umformulieren

Dazu nimmst du dir den Glaubenssatz, den du besonders dringend verändern willst – zum Beispiel, weil er sehr einflussreich ist, dich momentan sehr beschäftigt oder weil er anderen Glaubenssätzen übergeordnet ist. Alternativ kannst du auch den Glaubenssatz auswählen, der dich am stärksten in der Beziehung hält. Dann formulierst du ihn positiv um, wie oben beschrieben.

2. Neue Verhaltensweisen auflisten

Anschließend überlegst du dir, wie sich dein Leben verändern würde, wenn du glauben würdest, dass dieser neue, positive Glaubenssatz richtig ist.

Um Veränderung zu bewirken, sollten wir vor Augen haben, was wir *tun*, und nicht, was wir *lassen* wollen. Wenn du also beispielsweise glaubst, dass du mit dem neuen Glaubenssatz aufhören würdest, auf der Couch Chips zu essen, dann schreibe *nicht* auf: *Keine Chips essen.* Schreib auf, was du stattdessen tun würdest: Auf der Couch *Obstsalat essen* oder auf der Couch *leckere Tees trinken* oder die Couch verlassen und *tanzen gehen* etc.

So kann deine Liste aussehen:

Wenn ich glaube, dass ich Liebe verdiene, würde ich …
… meine No-Gos in Liebesdingen kennen.
… Kontakte, die diesen Beziehungsstandards nicht gerecht werden, ändern, lockern oder auslaufen lassen.
… mich pflegen (aber dabei nicht übermäßig perfektionistisch oder kritisch sein).
… proaktiv nach einer Partnerschaft suchen.
… gezielt Menschen ansprechen, die mir gefallen, statt darauf warten, gefunden zu werden.
… an Orten nach einer Partnerschaft suchen, wo die Wahrscheinlichkeit hoch ist, auf Gleichgesinnte zu treffen, zum Beispiel Lesungen, Kleinkunstbühnen, Buchclubs, Tanzkurse.
… die Suche nach einer Partnerschaft so gestalten, dass die Aktivitäten sich auch dann lohnen, wenn sich zunächst keine Beziehung entwickelt – Tango tanzen wollte ich schließlich schon immer.
… mit der Suche warten, bis die aktuelle Beziehung beendet und verarbeitet ist.

3. Den Experimentalzeitraum festlegen

Wenn alle Verhaltensänderungen, die aus der neuen inneren Haltung resultieren würden, konkret aufgeschlüsselt sind, leg einen Zeitraum fest, für den du das Experiment ausprobieren möchtest – beispielsweise drei Wochen. Er sollte weder so kurz sein, dass eine Veränderung in dieser Zeitspanne unmöglich wäre, noch so lang, dass es Angst oder Stress verursacht und letztlich dazu führt, dass der innere Schweinehund dazwischengrätscht.

4. Experimentierphase
Für die Dauer des gewählten Zeitrahmens verhältst du dich nun entsprechend deiner Liste. Um im obigen Beispiel zu bleiben: Du buchst einen Tangokurs, weil dich das Thema interessiert – und weil du dort vielleicht Gleichgesinnte kennenlernst. Der Freundin, die dich überreden will, in der Disco jemanden für eine Nacht aufzureißen, sagst du freundlich ab, weil das für dich ein No-Go ist, da du eine langfristige Partnerschaft suchst etc.

Du kannst dich dabei von einfachen zu immer herausfordernderen Verhaltensänderungen steigern.

5. Das Experiment auswerten
Nach Ablauf des Experimentalzeitraums machst du eine Auswertung.

6. In die Verlängerung gehen
Wenn du möchtest, kannst du das Experiment verlängern. Oder aber die neue Haltung ist bereits zu deiner neuen Leitlinie geworden, an der du dich bei jeder anstehenden Entscheidung orientierst. Vielleicht beginnst du bereits, den neuen Glaubenssatz für wahr zu halten; möglicherweise hast du während des Experimentes Erlebnisse gesammelt, die das begünstigen.

Ebenso möglich ist, dass es dir noch immer nicht so leichtfällt, den neuen Glaubenssatz zu glauben, aber du merkst einfach, dass die neue Herangehensweise dich glücklicher macht. Dann bleibst du einfach auf Kurs – ob du nun daran glaubst oder nicht. Und vielleicht wird dir mit der Zeit unversehens die neue Einstellung zur zweiten Natur.

Hier ist Platz für dein Experiment:

1. Einen Glaubenssatz umformulieren
Der negative Glaubenssatz:

____

____

Der passende positive Glaubenssatz:

Auf einer Skala von 0 (gar nicht) bis 10 (komplett) – wie sehr glaubst du an den positiven Glaubenssatz?

0	1	2	3	4	5	6	7	8	9	10

2. Neue Verhaltensweisen auflisten

Wenn ich an den positiven Glaubenssatz glauben könnte, würde ich …

(Formuliere möglichst konkret, zum Beispiel: »… nicht rangehen, wenn ich keine Lust zum Telefonieren habe.«)

Wenn ____________________, würde ich …

3. Den Experimentalzeitraum festlegen

Wie lange willst du das Experiment zunächst durchführen?

4. Experimentierphase

Welche Erfahrungen machst du während des Experimentes? Gibt es inneren oder äußeren Widerstand gegen deine Veränderungen? Wollen dich manche Menschen beispielsweise

nicht aus der gewohnten Rolle entlassen und goutieren es nicht, wenn du nicht mehr für sie funktionierst? Gelingt es dir, alte Muster durch neue Verhaltensweisen zu ersetzen?
Wie geht es dir mit den neuen Gewohnheiten?

5. Das Experiment auswerten

Wenn das Experiment vorbei ist, wirf einen Blick zurück:
Hat sich während des Experiments etwas verändert? Wenn ja: Was?
Welche Schlüsse ziehst du daraus?

6. In die Verlängerung gehen

Auf einer Skala von 0 (gar nicht) bis 10 (komplett) – wie sehr glaubst du an den positiven Glaubenssatz?

0	1	2	3	4	5	6	7	8	9	10

Was bedeutet das für dich?

Wirst du weitermachen? Wenn ja: Wie? Wenn nicht: Warum nicht?

Erkenne dich selbst: Die Baustellen im eigenen Garten

Sollbruchstellen

In narzisstischen Partnerschaften wird unser *Selbstbewusstsein* ausgehöhlt. Doch gar nicht selten setzen diese Bohrlöcher an Stellen in unserer Seele an, die bereits vorperforiert sind. Oft schleppen wir ähnliche Überzeugungen schon seit der Kindheit mit uns rum.

Narzisstische Menschen haben ein gutes Gespür für wunde Punkte. Und da sie mit uns leben, kennen sie unsere Schwachstellen. Dort treffen sie uns am leichtesten.

Häufig werden die negativen Annahmen, die wir durch die Partnerschaft *widerlegen wollten*, durch die Partnerschaft mit einem narzisstischen Menschen *verstärkt*. Oft sind es diese Annahmen, die dazu führen, dass wir zu lange in diesen Bindungen bleiben.

Dabei kann es sich um die negativen Glaubenssätze handeln, denen du oben auf die Schliche gekommen bist, oder um andere.

Beispiel:
Eva liebte Omar. Er war gutaussehend und maskulin. Er wusste sich zu kleiden, war gepflegt. Ein Frauenschwarm! Sie war überzeugt, dass er eigentlich nicht ihre Liga war. Umso mehr schmeichelte es ihr, dass sich dieser attraktive Mann für sie interessierte. Rückblickend konnte sie sich eingestehen: Die Liebesbeziehung mit ihm kompensierte ihren Minderwertigkeitskomplex. Es war, als wolle sie die nagende Stimme in ihrem Inneren Lügen strafen, die schon seit der Pubertät kundtat: »Du bist nicht attraktiv genug!« Wenn sich so eine Zehn wie Omar für sie interessierte, dann war sie ja wohl attraktiv!

Als Omar das Interesse an ihr verlor, gab er ihr zu verstehen, dass sie zu alt für ihn war. Verbraucht. Zu allem Überfluss hatte sie begonnen, ihren Kummer in sich reinzufuttern. Umso mehr klammerte sie sich an die Hoffnung, dass sie es schon hinbekommen könnte für sie beide. Denn: Wer da draußen würde sie schon lieben – unattraktiv, wie sie war!?

Wie Eva geht es vielen Betroffenen: Unbewusst versuchen sie sich durch die Partnerschaft zu beweisen, dass sie doch schön/liebenswert/sexy/wertvoll o. Ä. sind, doch am Ende wird die alte, negative Überzeugung gerade durch diese Beziehung bestätigt. So werden Glaubenssätze zu *selbsterfüllenden Prophezeiungen*.

Negative Glaubenssätze, die ich mit der Partnerschaft zu kompensieren versuche	**Wie hat die Partnerschaft die negativen Glaubenssätze zunächst widerlegt?**	**Werden diese Glaubenssätze von meinem Partner/meiner Partnerin verstärkt? Wie?**	**Halten diese Glaubenssätze mich davon ab, zu gehen? Wie?**
Beispiel: Man kann mich nicht wirklich lieben.	*Beispiel: Ich war nicht mehr allein und er hat mich mit Liebe überschüttet.*	*Beispiel: Seit der Entwertungs-Phase erlebe ich immer wieder, dass ich eben nicht liebevoll behandelt, nicht geliebt werde.*	*Beispiel: Mein Selbstvertrauen ist am Boden und ich traue mir nicht zu, mich zu trennen. Wer weiß, ob ich je wieder jemanden finde!?*

Achtung! Alte Glaubenssätze sind zuweilen mit traumatischen Kindheitserlebnissen verknüpft. Wenn dir der Blick in die Seele momentan zu tief ist, such dir professionelle Begleitung oder überspring die Übung.

Negative Glaubenssätze, die ich mit der Partnerschaft zu kompensieren suche	**Wie hat die Partnerschaft die negativen Glaubenssätze zunächst widerlegt?**	**Werden diese Glaubenssätze von meinem Partner/meiner Partnerin verstärkt? Wie?**	**Halten diese Glaubenssätze mich davon ab, zu gehen? Wie?**

Da die negative Einstellung dich an die Partnerschaft bindet und sich auf diesem Wege noch verstärkt, kann es helfen, dein Selbstvertrauen in diesem Lebensbereich zu fördern.

Beispiel:
Als Eva mit dem Intervallfasten begann, neue Klamotten kaufte, in denen sie sich wohlfühlte, und Schwimmen zu ihrem neuen Hobby erkor, veränderte sich langsam, aber sicher ihre Einstellung zu ihrem Körper.

Die Übungen zu den Glaubenssätzen und das Was-wäre-wenn-Experiment sind ein guter Anfang. Was könntest du dir (analog zu Evas Beispiel) darüber hinaus noch Gutes tun, um die dich bindenden Glaubenssätze zu verändern?

Kleingedrucktes: *Überkompensation* ist nicht hilfreich. Essstörungen und Sportsucht helfen uns nicht dabei, unseren Körper lieben zu lernen. Sie verringern bloß die Scham über unsere vermeintlichen Unperfektheiten. Achte also bei deinen Antworten auf ein gesundes Gleichgewicht: Nur wer sich akzeptiert, kann sich verändern. Selbstakzeptanz bedeutet, dich zu lieben, wie du bist – mit deinem Wunsch nach Veränderung.

-
-
-
-

Welche Erkenntnisse nimmst du mit? Inwiefern haben alte, negative Glaubenssätze dich in diese Beziehung geführt? Inwiefern werden sie hier widerlegt oder bestätigt?

Beispiel: Ich habe gedacht, dass ich mir Liebe durch Kümmern verdienen muss, und mir daher eine Alkoholikerin gesucht, die mein »Projekt« wurde. Anfangs schien der unbewusste Plan aufzugehen: Es ging ihr besser. Sie hat einen Entzug gemacht und meine Bemühungen wertgeschätzt. Wir hatten eine gute Zeit zusammen. Inzwischen ist sie nicht mehr trocken. Und so, wie sie mich behandelt, fühle ich mich alles andere als geliebt.

Was heißt das für dich?

Beispiel: Mir ist klar geworden, dass es immer so läuft bei mir: Ich suche mir »Sozialfälle«, wie meine beste Freundin immer sagt. Das ist keine Liebe – das ist ein altes Muster, das mich immer wieder in schwierige Beziehungskonstellationen führt. Ich mache jetzt eine Therapie und setze mich mit meinem Drang, mich um andere zu kümmern, auseinander. Ich denke, das kommt aus meinem narzisstischen Elternhaus: Helfen war meine Möglichkeit, zumindest Aufmerksamkeit zu bekommen, wenn es schon keine Liebe gab.

Dein Fazit zu Kapitel 7

Wie stehst du inzwischen zu dem Gedanken: *»Ich kann nicht gehen! Denn: Was, wenn ich nie wieder so jemanden finde?«*

Vielleicht bist du in dieser Frage auch gespalten, dann geh beiden Impulsen auf den Grund:

Teilst du den Gedanken (noch)? Ist er für dich *ein Grund zum Bleiben*? Warum?

Teilst du den Gedanken nicht (mehr)? Ist er für dich *kein Grund zum Bleiben*? Warum nicht?

Was nimmst du aus diesem Kapitel mit? (Wie) Hat sich deine Haltung dadurch verändert?

8.

… und wenn die Umstände mich zwingen, zu bleiben?

Kinder, Kapital & Co.

Zwingen mich die Umstände zum Bleiben?

Natürlich. Manchmal gibt es Situationen, in denen es nicht (oder zumindest nicht *sofort*) möglich scheint, eine Beziehung, die einem nicht mehr guttut, zu beenden. Zum Beispiel, wenn wir erst einen Weg finden müssen, der unsere körperliche Unversehrtheit nicht beeinträchtigt, oder wenn es darum geht, sicherzustellen, dass die Kinder nicht bei einem potenziell gewalttätigen Elternteil zurückbleiben. Doch meistens finden sich selbst in solchen extremen Konstellationen Mittel und Wege.

Wie stehst du zu dem Gedanken: *»Ich kann nicht gehen! Denn: Was, wenn die Umstände mich zum Bleiben zwingen?«*

Kennst du ihn von dir?

Vielleicht bist du in dieser Frage auch gespalten? Dann geh beiden Impulsen auf den Grund:

Teilst du diesen Gedanken? Ist er für dich *ein Grund zum Bleiben*? Warum?

Teilst du diesen Gedanken nicht? Ist er für dich *kein Grund zum Bleiben*? Warum nicht?

Was möchtest du in diesem Kapitel für dich herausfinden?

Alternativ-Los: Wenn dein Zukunfts-Ich dir etwas raten könnte

Dem Zukunfts-Ich begegnen[49]

Hast du Lust, ein bisschen zu träumen? Dann mach es dir gemütlich und begib dich auf eine kleine Reise …

Hier kannst du die Audiomeditation downloaden.

www.penguin.de/mueller_verdeckter_narzissmus_003

Mach dir anschließend ein paar Notizen:

Was bringst du mit von deiner Reise:

Gab es einen Teil in dir, der neue Entwicklungen eher skeptisch sieht? Wenn ja: Was ist seine Sorge? Welcher Rat, welches Bedürfnis steckt darin?

Wie kannst du dich als erwachsener Mensch angemessen um dieses Anliegen kümmern, so dass der Teil, der Bedenken hat, sich mit gutem Gefühl auf die Entwicklung einlassen kann?

Positives Imaginieren

Nicht umsonst heißt es: *»Man muss mit allem rechnen – auch mit dem Guten.«*

Werfen wir also mal einen Blick in eine hypothetische Zukunft: Stell dir vor, du hast dich getrennt, bist durch den Schmerz hindurchgegangen, und auf der anderen Seite wartet ein Leben auf dich, das schöner ist, als du zu hoffen gewagt hättest. Welche Qualitäten würden dein neues Ich kennzeichnen? – Kreuze an und ergänze.

- ☐ abenteuerlustig
- ☐ leidenschaftlich, sinnlich
- ☐ offen, kontaktfreudig
- ☐ selbstsicher
- ☐ mutig
- ☐ lebenslustig
- ☐ glücklich
- ☐ frei
- ☐
- ☐
- ☐
- ☐
- ☐
- ☐
- ☐

Wie geht es dir mit diesem Blick in die Glaskugel? Hast du damit gerechnet, dass es möglich wäre, so positive Gefühle mit einem solchen Szenario zu verbinden?

Brief an dein Gegenwarts-Ich

Wenn dein Zukunfts-Ich sich mit einem Brief aus einem fernen Morgen bei dir melden würde – was würde es deinem Gegenwarts-Ich sagen wollen? Hätte es Tipps? Einen Rat? Eine Bitte? Oder eine neue Perspektive im Angebot?

Liebe/r

Wie geht es deinem Gegenwarts-Ich damit, diesen Brief zu bekommen?

Möchte es dem Zukunfts-Ich etwas antworten?

Liebe/r

Wie es gehen kann: Fragen sind keine Hindernisse, sondern Türen

Stolpersteine zum Weg machen

Oft sind es praktische Erwägungen, die Menschen nicht selten in ihren Partnerschaften halten: Fragen wie »*Wovon soll ich leben?*« oder »*Wie kann ich sicherstellen, dass ich mich um die Kinder kümmern kann?*« sind sehr ernst zu nehmen, müssen aber nicht zwingend ein Hinderungsgrund sein, sich zu trennen, wenn ansonsten alles dafür spricht.

Schritt 1: Ungeklärte Fragen

Welche organisatorischen Fragen sind ungeklärt und lassen dich vor einer möglichen Trennung zurückschrecken? – Notier alle Hindernisse und Sorgen, die dir in den Sinn kommen, ruhig auch kreuz und quer! Es darf ein richtiges Durcheinander sein.

Beispiel: Wo soll ich leben!?

Schritt 2: Kluge Fragen

Nun formuliere deine Bedenken so um, dass sie als Frage formuliert sind. Geh dabei möglichst genau auf alle Details ein! Und bring Ordnung in die Sache:

Beispiel: Stehe ich eigentlich im Mietvertrag?

1. ______________________________

____

____

____

____

____

____

____

Schritt 3: Antworten suchen

Notier dir für alle Fragen, die du oben festgehalten hast, Anlaufstellen, wo du sie klären kannst. Ob Coaching, Bibliothek, Rechtsberatung oder Jugendamt – wo kannst du dich schlau machen?

Beispiel: Ich kann in die Aktenordner schauen, ob ich den Mietvertrag finde. Notfalls kann ich die Vermieterin fragen – doch das ist riskant, da meine Frau nicht merken soll, dass ich eine Trennung vorbereite.

1. ______________________________

____

____

____

____

____

____

____

Schritt 4: Antworten zu To-do-Listen machen

Im nächsten Schritt notier in Kürze die Antworten, die du gefunden hast, und welche konkreten Aufgaben sich daraus für dich ergeben:

Antwort	To-do
Beispiel: Ich stehe nicht im Mietvertrag.	*Beispiel: Auf Wohnungssuche gehen, ohne dass meine Partnerin das bemerkt. Wenn es schnell gehen muss, kann ich vielleicht ein paar Wochen bei meinem Kumpel wohnen; ich frage ihn mal, ob seine Einliegerwohnung zu haben wäre, und wie lange.*

Wenn du alle Aufgaben von deiner To-do-Liste erledigt hast, bist du bestmöglich vorbereitet.

Tipps für unterwegs

Typischerweise sind folgende Verhaltensweisen hilfreich, wenn man sich aus einer toxischen Beziehung lösen will. Vielleicht kannst du auch das ein oder andere davon gebrauchen?

- Such dir, wenn möglich, bereits vor der Trennung *juristische Begleitung* – am besten bei einer Kanzlei, die sich mit Narzissmus und dysfunktionalen Beziehungen auskennt. Dann kennst du deine Rechte und bist für alle Fälle gerüstet.

- Wenn du kannst, stell sicher, dass dir zum Zeitpunkt der Trennung alle wichtigen *Dokumente* vorliegen. Narzisstische Menschen nutzen solche Papiere zuweilen als Druckmittel oder Hinhaltetaktik. Sorg im Vorfeld dafür, dass du nicht mitten im Rosenkrieg nach Unterlagen fragen musst.
- Dabei kann es Sinn machen, herauszufinden, ob du die Originale benötigst oder ob Kopien reichen. Denn es kann unter Umständen wichtig sein, dass alle Papiere an ihrem Platz sind. Wenn etwas fehlt, weckt das womöglich Misstrauen, und dein Plan fliegt auf.
- Sorg dafür, dass du Geld hast. Leg gegebenenfalls unbemerkt etwas beiseite.
- Sammle, falls das bei euch relevant ist, Belege für das Verhalten deines Partners/deiner Partnerin. E-Mails mit Drohungen oder Briefe voller Beschimpfungen beispielsweise lassen sich, falls nötig, in einem Rechtsstreit verwenden. Mach dich bei der juristischen Beratung schlau, wie die Dokumentation aussehen muss, um rechtskräftig zu sein: Reichen datierte Tagebucheinträge? Oder braucht es die Aufzeichnung mit der *NO STALK-App* vom *Weißen Ring*[50]?
- Halte alle diese Schritte vor deinem Partner/deiner Partnerin geheim und überleg dir gut, wem du dich anvertrauen kannst, ohne dass du Gefahr läufst, dass dein Vorhaben bekannt wird. Ein Unterstützungs-Netzwerk kann eine große Hilfe und ein guter Schutz sein – aber nur, wenn dein Geheimnis bei diesen Menschen sicher ist.
- Coaching, Therapie oder psychologische Beratung durch Menschen, die narzisstische Beziehungen verstehen, ist ein guter Grundstein, um auch seelisch gut gepolstert durch die Trennung zu kommen. Solltest du dir noch nicht sicher sein, ob eine Trennung für dich das Richtige ist, kann ein solcher Prozess sehr zur Klärung beitragen.
- Viele Eltern scheuen vor einer Trennung zurück, weil sie ihren Kindern nicht die Familie nehmen wollen. Dabei glauben sie nicht selten, dass sie die zunehmenden Spannungen und Gewalt-

ausbrüche vor den Kindern verbergen können – doch tatsächlich gelingt das selten; dass Kinder in Mitleidenschaft gezogen werden, geht bereits im Mutterleib los.[51] Oft ist den Betroffenen nicht bewusst, dass bereits das *Miterleben von Partnerschaftsgewalt psychische Gewalt* darstellt und somit schwerwiegende Folgen für Körper und Seele haben kann.[52] Auch scheint das Mitansehen der häufig heruntergespielten emotionalen Gewalt zwischen Erziehungspersonen schwerwiegendere Auswirkungen auf die Entwicklung von Kindern und Jugendlichen zu haben als das Miterleben körperlicher Gewalt.[53]
- Nichtsdestotrotz können Menschen mit narzisstischen Zügen zuweilen auch gute Eltern sein und der nicht narzisstische Elternteil kann durch seinen Einfluss vieles abpuffern.
- Wenn dich das Wohl deiner Kinder von einer Trennung abhält, lass dich im Zweifel psychologisch beraten, welche Entscheidung tatsächlich im Sinne der Kinder wäre.

Welche dieser Tipps möchtest du umsetzen? Auf welche eigenen Ideen bringen sie dich? Notier hier entsprechende Kontakte etc. – im Anhang findest du ebenfalls einige Anregungen.

Gemeinsam statt einsam: Ein Support-Netzwerk aufbauen

Nestwerk-Pflege

Gerade in diesen schwierigen Zeiten ist Unterstützung wichtig. Sie macht dich resilienter und ist ein wesentlicher Schutzfaktor vor Gewalt und deren Folgen. Leider sind gerade die Dinge, die wir in dysfunktionalen Beziehungen erleben, bestens dazu geeignet, uns von anderen Menschen zu entfremden: Um uns abhängiger zu machen, werden wir isoliert. Wir haben keine Kapazität mehr, Kontakte zu pflegen. Wir schämen uns, anderen zu erzählen, was wir erleiden.

Mach dir daher bewusst, welche Ressourcen du hast: Wer gehört zu deinem inneren Kreis und damit zu den Menschen, denen du am meisten vertraust?

Benenne auf den Linien deine unterschiedlichen Freundes- und Bekanntenkreise von innen (ganz nah und vertrauensvoll) bis außen (noch ein guter Kontakt, aber nicht unbedingt ins Vertrauen zu ziehen). Halte unter der Linie fest, wie du diese Gruppen definierst, zum Beispiel: *Menschen, denen ich alles sagen kann, und die mir alles sagen können. Uneingeschränkte gegenseitige Wertschätzung. Im Notfall im Rahmen ihrer Möglichkeiten für mich da. Absolut vertrauenswürdig.* Schreib die Namen der betreffenden Menschen in die Kreise.

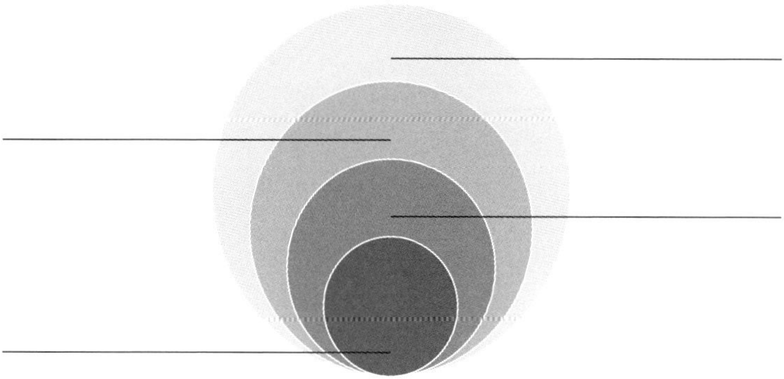

Welche dieser Verbindungen liegen brach, obwohl es dir guttun würde, den Faden wieder aufzunehmen?

Wie könntest du den Austausch wiederbeleben oder intensivieren?

Wer könnte dir bei deinen nächsten Schritten auf welche Weise behilflich sein?

Name	Was die Person für mich tun könnte
Mein bester Freund	*Ich könnte bei ihm wohnen, während ich mich trenne. Außerdem kann ich mich bei ihm melden, wenn ich jemanden brauche, der mir den Kopf zurechtrückt.*
Mein Therapeut	*Ich könnte alle paar Tage einen Termin vereinbaren, um mich durch die akute Trennung begleiten zu lassen.*

Fühlst du dich gut gewappnet und in ein stabiles soziales Netz eingebunden? Es muss kein großes sein, solange es nur tragfähig ist. Wer oder was fehlt dir noch, um gut gerüstet zu sein?

Nummer sicher

Gerade wenn der Mensch an deiner Seite dich permanent kontrollieren will, ist es sehr wichtig, dass dein Plan, die Beziehung zu verlassen, nicht offenbar wird, bevor du ihn umsetzen und dich dabei sicher fühlen kannst. Daher ist es bedeutsam, im Vorfeld nur Menschen einzuweihen, die absolut verlässlich sind und dein Vorhaben nicht weitererzählen.

Welche Menschen solltest du vor der Trennung *nicht* in deine Pläne einbeziehen?

Manchen kannst du vielleicht einen Teil der Wahrheit erzählen und andere Dinge vorsichtshalber für dich behalten:

Name	**Was ich erzählen möchte**	**Was ich lieber nicht ansprechе**

Manchmal haben Narzissmus-Opfer Schuldgefühle – zum Beispiel, wenn sie ihrer Familie nicht sagen, was sie vorhaben. Das kann dazu führen, dass sie mehr preisgeben, als sie eigentlich möchten, und dass ihr Partner/ihre Partnerin *vor* der Zeit von ihren Trennungsabsichten erfährt. So kann ein Schlussstrich vereitelt werden – durch falsche Versprechungen, durch Gewalt, durch Kontrolle, durch Entzug der Kinder oder Ähnliches.

Wie geht es dir damit, manche Menschen aus deinen Überlegungen auszuschließen? Brauchst du etwas, um dich damit gut zu arrangieren?

Dein Fazit zu Kapitel 8

Wie stehst du inzwischen zu dem Gedanken: *»Ich kann nicht gehen! Denn: Was, wenn die Umstände mich zum Bleiben zwingen?«*

Vielleicht bist du in dieser Frage auch gespalten, dann geh beiden Impulsen auf den Grund:

Teilst du den Gedanken (noch)? Ist er für dich *ein Grund zum Bleiben*? Warum?

Teilst du den Gedanken nicht (mehr)? Ist er für dich *kein Grund zum Bleiben*? Warum nicht?

Was nimmst du aus diesem Kapitel mit? (Wie) Hat sich deine Haltung dadurch verändert?

9.

... und wenn es doch kein Narzissmus ist?

Lieber ein Ende mit Schrecken als ein Schrecken ohne Ende

Ist es doch kein Narzissmus?

Wer den Verdacht hat, an der Seite einer Person zu leben, die narzisstisch ist, tut sich gegebenenfalls schwer damit, auf Basis dieser Vermutung die Beziehung zu beenden – unabhängig davon, wie groß der Leidensdruck ist. Häufig steht die Sorge im Raum, dem Gegenüber mit dieser »Diagnose« unrecht zu tun. Außerdem könnte ja auch etwas ganz anderes hinter den quälenden Beziehungsdynamiken stecken. Und was dann?

Wie stehst du zu dem Gedanken: *»Ich kann nicht gehen! Denn: Was, wenn es doch kein Narzissmus ist?«*

Kennst du ihn von dir?

Vielleicht bist du in dieser Frage auch gespalten? Dann geh beiden Impulsen auf den Grund:

Teilst du diesen Gedanken? Ist er für dich *ein Grund zum Bleiben*? Warum?

___

___

___

Teilst du diesen Gedanken nicht? Ist er für dich *kein Grund zum Bleiben*? Warum nicht?

___

___

___

Was möchtest du in diesem Kapitel für dich herausfinden?

___

___

___

Es ist, was es ist: Es geht nicht um die Diagnose, es geht um DICH!

Narzissmus oder nicht?

Welche Punkte sprechen dafür, dass der Mensch, mit dem du in einer Beziehung bist, narzisstisch sein könnte?

____

____

Welche sprechen dagegen?

____

____

____

Welche anderen Erklärungen für eure Schwierigkeiten bzw. für das Verhalten, mit dem du konfrontiert wirst, ziehst du (neben einer narzisstischen Persönlichkeitsstörung) in Betracht?

____

____

____

- narzisstische Persönlichkeitsakzentuierung (nicht pathologisch, nur ein starker Charakterzug)
- Borderline-Persönlichkeitsstörung
- Autismus
- Sucht, nämlich: ______________________________
- Trauma
- Burnout
- Alexithymie
- Depression
- Sonstiges: ______________________________
- Das Problem liegt bei *mir*, nämlich: ______________________________

Menschen in dysfunktionalen Beziehungen neigen dazu, die herausfordernden Interaktionen anders zu erklären als mit dem Wort »Narzissmus«. Das klingt so endgültig! Sie hoffen, dass es sich nur um einen stark ausgeprägten narzisstischen Persönlichkeitsstil handelt (der einem das Leben übrigens auch sehr schwer machen kann). Oder um *Borderline* (was sich in ähnlichen Beziehungsproblemen äußern kann, aber oft mit mehr Behandlungsbereitschaft verbunden ist). Oder um eine Sucht, die im besten Fall mit dem richtigen Treatment in den Griff zu kriegen ist. Kurz: Sie hoffen auf eine Ursache, die mit größerer Wahrscheinlichkeit zu beheben ist, so dass es für ihre Partnerschaft noch Hoffnung gibt.

Wie ist es bei dir?

Welche Erklärung(en) für die Schwierigkeiten zwischen euch hältst du für wahrscheinlich?

____

____

____

Welche Gründe hat deine Seele dafür, diese Erklärungen zu suchen? Was ist vielleicht die stille Hoffnung, die sich damit verbindet?

____

____

____

Hast du das Gefühl, du kannst nicht gehen, wenn du nicht genau weißt, was genau die Probleme verursacht?

____

____

____

Dann möchte ich dir jetzt etwas sagen, das vielen hilft, sich zu lösen:

1. Selbst wenn es unser Beruf wäre, Diagnosen zu stellen – der Mensch an deiner Seite wäre zu nah dran, als dass du objektiv sein könntest.
2. Die Wenigsten haben schwarz auf weiß von einem Profi, woran der Mensch an ihrer Seite leidet – und selbst dann könnte es eine Fehldiagnose sein.
3. Zuweilen gibt es keine Klarheit, ob die Schwierigkeiten an einer toxischen Person oder an einer gemeinsamen toxischen Dynamik liegen. Wichtig ist doch nur, ob ihr sie gemeinsam lösen könnt. Wenn nicht, hast du deine Antwort. Denn:
4. Das Einzige, was bei deiner Entscheidung zählen sollte, ist, wie es *dir* in der Beziehung geht.

Wenn du magst, blättere hier noch mal zurück zur Liste der Symptome im Abschnitt »Beziehungsgift: Narzissmus verstehen« (Seite 19).

Trifft vieles von dem, was in dieser Liste aufgeführt wird, auf dich zu? Hast du dich in den Beziehungsdynamiken, die in den bisherigen Kapiteln geschildert wurden, wiedererkannt? Dann spricht viel dafür, dass deine Partnerschaft dir gerade nicht guttut.

Egal, was der Grund dafür ist, dass der Mensch an deiner Seite ist, wie er eben ist – du hast mehr verdient. Also mach ihm/ihr klar, dass du konkrete Veränderung brauchst, damit du die Partnerschaft fortführen kannst. Zieh Konsequenzen, falls das nicht oder nicht schnell genug umgesetzt wird.

Wie willst du weitergehen?

Der Blick nach innen

Vorweg ist mir wichtig zu sagen: Menschen, die sich in narzisstischen Beziehungen wiederfinden, müssen oft genug erleben, dass ihnen die Schuld zugeschoben wird. In *diesem* Kapitel geht es nicht um die Schuldfrage. Im Gegenteil: Es geht darum, die Ösen zu erkennen, in denen Menschen bei dir einhaken können. Dieses Wissen kann dir helfen, dich zu schützen.

Denkbar ist auch, dass du kaum solche Ösen mitbringst und einfach nur zur falschen Zeit am falschen Ort warst. Vielleicht hast du in einer Krise eine starke Schulter zum Anlehnen gebraucht und nicht gemerkt, wessen Schulter das war. Oder du warst noch sehr jung und unerfahren, als ihr zusammengefunden habt.

Alle Menschen können manipuliert werden oder in ungute Partnerschaften geraten. Gewalt kommt in allen Schichten vor. Dass nur schwache Charaktere oder graue Mäuse Opfer von Manipulation oder Gewalt werden, ist ein Mythos. Doch es gibt ein paar Einflüsse, die es wahrscheinlicher machen, in gewaltvolle, missbräuchliche bzw. narzisstische Partnerschaften zu geraten oder sich nicht rechtzeitig daraus zu befreien.[54]

Hier ein paar Beispiele. Kreuze an, wo du dich wiedererkennst:

- ☐ Es allen recht machen wollen (*People-Pleasing*).
- ☐ Ungünstige frühe Bindungserfahrungen in der Kindheit; keine sichere Bindung.
- ☐ (Komplexe) Posttraumatische Belastungsstörung.
- ☐ Borderline-Persönlichkeitsstörung.
- ☐ *Transgenerationale Weitergabe* (psychologische Vererbung von dysfunktionalen Beziehungsmustern).
- ☐ *Co-Abhängigkeit*: die Sucht, gebraucht zu werden[55].
- ☐ Traumabindung (oft nicht erst seit der Partnerschaft, sondern bereits in der Ursprungsfamilie).
- ☐ Narzisstisches Elternhaus.
- ☐ Eigene narzisstische Wunden, z. B. *narzisstische Kollusion / Co-*

Narzissmus: Eine Partnerschaft nach dem *Schlüssel-Schloss-Prinzip*. Zum Beispiel: Eine Seite steht stets im Mittelpunkt, die andere fühlt sich dadurch ebenfalls aufgewertet (*narzisstische Kollusion*). Oder: Eine Seite bewundert, die andere wird bewundert (*Co-Narzissmus*).

- ☐ *Miterleben* von Partnerschaftsgewalt im Elternhaus
- ☐ Gewalterleben oder Missbrauch in der Kindheit – dazu gehören auch:
- ☐ Emotionaler Missbrauch bzw. Vernachlässigung in der Herkunftsfamilie, unabhängig von den Ursachen – z. B. auch durch psychische Erkrankung eines Elternteils.

Was kommt in dir in Schwingung, wenn du das liest? Welche Lebensstationen und Erinnerungen kommen dir in den Sinn?

____

____

____

Was meinst du? Wie könnten diese Erlebnisse und Prägungen dich in deiner Beziehungsgestaltung beeinflusst haben?

____

____

____

Wie geht es dir, wenn du daran denkst? Was brauchst du jetzt?

____

____

____

Wenn du bei einigen dieser Punkte eine Resonanz spürst oder unsicher bist, macht es vermutlich Sinn, da genauer hinzuschauen. Im Anhang findest du weiterführende Literatur zu vielen dieser Themen. Außerdem kann es sinnvoll sein, professionellen Rat zu suchen, um zu verhindern, dass eigene Muster es erschweren, eine

Partnerschaft zu verlassen, die dir nicht guttut. Dazu sind hinten im Buch ein paar Anlaufstellen angeführt.

Welche Schritte willst du gehen, um deine eigenen Themen zu sortieren?

____

____

____

Den Schmerz umarmen: Die Verheißung auf der anderen Seite

Stehenbleiben!

Verdeckter Narzissmus ist nicht leicht zu erkennen. Dennoch ahnen Menschen in dysfunktionalen Partnerschaften meist, dass etwas nicht stimmt – selbst wenn es schwerfällt, die wahre Natur der Partnerschaft aus den subtilen Schachzügen des Gegenübers herauszulesen. Doch die Versuchung, vor der so schmerzhaften Erkenntnis davonzulaufen, ist groß.

Stell dir vor, es klopft eines Tages an deiner Tür. Deine ganz persönliche *Wahrheit* steht davor. Nüchtern und schonungslos wie immer ist sie gekommen, um Tacheles zu reden. Und heute ist der Tag, an dem du es satthast, die Kette vorzulegen und ihr den Eintritt zu verwehren. Heute bittest du sie auf einen Tee herein. Wie bewertet sie die Situation? Was würde sie dir sagen?

Schreib intuitiv und ohne nachzudenken:

Deine Wahrheit:

» ____

____

____

____

____ «

Dass diese Tee-Party in der Regel nicht stattfindet, dass wir nicht hinsehen wollen, hat nur allzu verständliche Gründe. Wir wissen, dass wir viel zu verlieren haben: Wir haben die Wahl zwischen dem Schmerz, den wir gewohnt sind: In einer unglücklichen Partnerschaft festzustecken. Und dem unbekannten Schmerz: Dem Schmerz, den es bedeuten würde, diese Partnerschaft loszulassen.[56] Einen der beiden werden wir spüren *müssen*. Wofür entscheiden wir uns?

Der Mensch ist ein Gewohnheitstier: Das Bekannte ist ihm in der Regel weniger suspekt als das Unbekannte. Dabei übersehen wir leicht: Der bekannte Schmerz scheint, zumal keine Änderungen möglich sind, für immer zu währen – der unbekannte Schmerz ist endlich: Wir gehen hindurch – und auf der anderen Seite erwartet uns ein neues Leben. *Ohne* Schmerzen.

Mach dir bewusst, welche Seelenschmerzen für dich zur Wahl stehen:

Der bekannte Schmerz	**Der unbekannte Schmerz**
Beispiel: *Ich bin in meiner Beziehung einsam.* *Ich habe den Verdacht, betrogen zu werden.* *Bei allen Autofahrten werde ich angeschwiegen.* *Ich muss mir das Weinen verkneifen, wenn ich mal wieder runtergeputzt werde.* *Ich muss mir von meiner Familie anhören, dass ich für meine Ehe dankbar sein sollte und dass ich für alle Schwierigkeiten selbst verantwortlich bin.*	*Beispiel:* *Ich werde vorübergehend allein sein.* *Ich muss eventuell mein Zuhause aufgeben.* *Ich werde die gemeinsame Firma verlieren.* *Ich weiß nicht, wie viele aus der Clique zu mir halten werden.* *Ich muss mir eingestehen, dass die Ehe eine Farce war.* *Ich werde einsehen müssen, dass auch mein Vater ein Narzisst ist und dass ich deshalb immer wieder in solchen Beziehungsdramen gelandet bin. Vielleicht werde ich den Kontakt zu ihm reduzieren müssen.*

Wie geht es dir, wenn du stehenbleibst und dich traust, beide Schmerzen anzuschauen?

____

____

Welcher der beiden Schmerzen erlaubt dir mehr Selbstbestimmung?

____

____

Weichst du einem der beiden Schmerzen aus? Welchem? Und: Warum?

____

____

Hoppla! Jetzt klingelt es schon wieder! Und vor der Tür steht nun auch noch deine innere *Weisheit*! (Sachen gibt's!) Wozu würde *sie* dir raten? Vermutlich hat sie noch mal eine andere Perspektive als deine Wahrheit. Sie weiß, was du brauchst.

Deine innere Weisheit:

»_______________________________________

____

____

_______________________________________«

Die Liebesgeschichte neu erzählen

In deinem Kopf hat vielleicht seit einiger Zeit ein Prozess eingesetzt – der Prozess, deine Liebesgeschichte umzuschreiben. Das kann mehr oder weniger unbewusst und nebenbei passieren. Du merkst einfach: Mit deinem neuen Wissen hat das ach so glorreiche Kennenlernen plötzlich einen faden Beigeschmack und eignet sich nicht mehr so sehr als Smalltalk-Thema auf Sektempfängen. Vielleicht blickst du jetzt hinter die Kulissen und merkst, dass die schöne Fassade nur aus Pappmaché war und die großen gemeinsamen Träume nur der Käse in der Mausefalle.

Damit dieser Prozess nicht in die nächste Grübelspirale führt, kannst du ihn explizit machen, wenn du möchtest. Das gibt dir die Chance, eine sehr ressourcenorientierte Perspektive einzunehmen und dir ein neues Narrativ zu schaffen, das dich stärkt. Zudem kannst du diese Gedanken dann auch abschließen und deine Aufmerksamkeit etwas anderem zuwenden, statt untergründig ständig darum zu kreisen.

Such dir zunächst eine Figur, die das Erzählen für dich übernimmt: Welche Perspektive würde dir guttun? Pippi Langstrumpf mit ihrer Stärke und ihrer lebensbejahenden Anarchie? Ein göttliches Wesen mit einem liebevollen, allwissenden und wohlwollenden Blick auf dich? Eine Vertrauensperson aus deinem Leben, die dich manchmal besser zu kennen scheint als du dich selbst und die unerschütterlich an dich glaubt? Oder ein Wesen, das du eigens zu diesem Zweck erfindest?

Vielleicht wäre es gut, jemanden mit Expertise für Happy Ends zu wählen.

Beschreibe hier deinen Ghostwriter/deine Ghostwriterin[57]:

Alter:

Lieblingsspruch:

Qualitäten:

Vita:

Lieblingsgenre:

Pressestimmen:

Rückmeldungen von Lesenden:

Name:

Nun lass diese Person die Geschichte deiner Beziehung erzählen – beginnend, wo immer sie es für richtig hält und bis zum heutigen Tag, mit einem kleinen, hoffnungsvollen Ausblick, der Lust macht, weiterzulesen. Die Geschichte braucht, wie alle guten Storys, einen tieferen *Sinn*, ein *Learning* und eine *Message* – ob das zwischen den Zeilen steht oder in einer *Moral von der Geschicht'* ausformuliert wird, liegt in der Hand, die den Stift führt. Also los!

Es war einmal …

Wie geht es dir mit dieser Geschichte? Was bewegt dich? Was nimmst du mit?

Autsch! Der Wahrheit ins Auge sehen

»Wir können nicht zu neuen Ufern aufbrechen, wenn wir nicht bereit sind, das alte aus den Augen zu verlieren.«

Seneca

Radikale Akzeptanz

Radikale Akzeptanz[58] tut weh. Denn sie bedeutet, dass wir alle Hoffnungen aufgeben, uns dem Schmerz stellen und die ultimative Enttäuschung zulassen: Verstehen, dass der Mensch an unserer Seite auf eine Art und Weise gestrickt ist, die es uns unmöglich macht, mit ihm glücklich zu werden, und dass sich das vermutlich auch niemals ändern wird.

Wenn du mal radikal die Pastellfarben der Hoffnung aus deiner Palette streichst – welches Bild deiner Partnerschaft würde sich mit radikaler Akzeptanz dessen, was ist, ergeben:

Beispiel:
Ich weiß zwar nicht sicher, ob das Narzissmus ist – meine Partnerin hat ja schließlich keine Diagnostik durchlaufen –, aber ich weiß: Ich kann so nicht leben. Es macht mich kaputt!

Ich habe alles probiert. Wenn sie sich bisher nicht geändert hat – wie groß ist die Wahrscheinlichkeit, dass sie es noch tun wird? – Eben!

Jetzt du:

Wie sieht dein Blick auf den Menschen an deiner Seite aus, wenn du nur mit den Fakten agierst und die Hoffnung mal weglässt?

____

____

Wie sieht dein Blick auf *deine Partnerschaft* aus, wenn du nur mit den Fakten agierst und die Hoffnung mal weglässt?

____

____

Nimm dir Zeit, in dich hineinzuspüren! Welche Gefühle bringt das an die Oberfläche?

____

____

Trau dich zu trauern

Vermutlich hast du es gerade schon gemerkt: Radikale Akzeptanz bedeutet, dass du starke Gefühle hast, vor allem Trauer. Du betrauerst deine Partnerschaft, die verlorenen Jahre, die heile Familie deiner Kinder oder die eigene gute Kindheit, die du möglicherweise nie gehabt hast.

Wenn du gerade radikale Akzeptanz erlebst – was betrauerst du? Kreise ein und ergänze:

- Das Ende meiner Partnerschaft, von der ich mich lösen muss.
- Die letzten Jahre in der Partnerschaft, die eine Illusion war/einseitig war/schmerzhaft war/____________________
- Die heile Kinderstube, die ich meinen Kindern so gegönnt hätte.
- Meine eigene heile Kindheit, die es so nie gegeben hat, wie mir jetzt klar wird, weil ich nun weiß, dass dort die Wurzeln dafür gelegt wurden, dass ich immer wieder in ungesunde Beziehungsdynamiken gerate.
- Die beruflichen Chancen, die ich für diese Beziehung aufgegeben habe.
- Die Freundschaften, die durch mein Festhalten an dieser Partnerschaft zerbrochen sind.
- Das Glück, das ich nie erlebt habe.
- Dass ich nie ____________________ gemacht habe.
- Dass ich mir das habe antun lassen.
- Den Verlust meiner Gesundheit.
- Dass ich für diesen Menschen meine letzte Beziehung zerstört habe.
- Dass ich mich finanziell so habe ausnehmen lassen.
-
-
-
-
-

Gib dieser Trauer in deinem Leben sichere Räume. Es ist wichtig, sie zu spüren. Denn sie hilft dir loszulassen, was dich traurig macht.

Was kann dich dabei unterstützen, dich diesem Schmerz zu stellen? – Kreise ein und ergänze:

- Mir klar definierte Zeiten dafür nehmen und sie begrenzen, damit der Schmerz mich nicht umwirft.
- Meinen Schmerz mit Vertrauenspersonen teilen.
- Coaching/Therapie.
- Mich entlasten, um mir freie Kapazitäten für den Trauerprozess zu schaffen.
- Informieren und Recherchieren.
- Vernetzung und Austausch – z. B. in einer *Selbsthilfegruppe* oder einem *Onlineforum*.
- An einen erholsamen Ort in der Natur fahren, was bei einer Traumatisierung sehr helfen kann.
-
-
-
-
-
-

Wenn du radikale Akzeptanz erreicht hast, bist du wahrscheinlich an dem Punkt, wo du bereit bist, dich zu trennen. Denn es gibt, wie gesagt, nur zwei Wahlmöglichkeiten:

1. Den bekannten Schmerz: Weitermachen wie bisher und jeden Tag traurig sein darüber, wie wenig liebevoll deine Partnerschaft ist. Diese Trauer währt vermutlich für immer.
2. Den unbekannten Schmerz: Gehen und sich einmal durch den Schmerz hindurchkämpfen, bis du auf der anderen Seite in ein neues, potenziell besseres Leben gelangst.

Welche der beiden Waagschalen überwiegt inzwischen?

Gibt es etwas, das du brauchst, um dich dem unbekannten Schmerz stellen zu können?

Dein Fazit zu Kapitel 9

Wie stehst du inzwischen zu dem Gedanken: »*Ich kann nicht gehen! Denn: Was, wenn es doch kein Narzissmus ist?*«

Vielleicht bist du in dieser Frage auch gespalten, dann geh beiden Impulsen auf den Grund:

Teilst du den Gedanken (noch)? Ist er für dich *ein Grund zum Bleiben*? Warum?

Teilst du den Gedanken nicht (mehr)? Ist er für dich *kein Grund zum Bleiben*? Warum nicht?

Was nimmst du aus diesem Kapitel mit? (Wie) Hat sich deine Haltung dadurch verändert?

10.
... und wenn es der falsche Zeitpunkt ist?

Den richtigen Moment finden und die Trennung gestalten

Ist es der falsche Zeitpunkt?

Ist es zu früh, um aufzugeben? Kann ich mir das in meiner momentanen Verfassung zutrauen? Ist es den Kindern zumutbar oder ist es besser für sie, wenn ich noch eine Weile durchhalte? Was muss alles erledigt sein, damit ich selbstständig leben kann? Es ist nicht leicht, den richtigen Zeitpunkt für etwas so Einschneidendes wie eine Trennung zu finden. Doch sie aufzuschieben, sollte nicht zur Methode werden.

Wie stehst du zu dem Gedanken: »*Ich kann nicht gehen! Denn: Was, wenn es doch der falsche Zeitpunkt ist?*«

Kennst du ihn von dir?

Vielleicht bist du in dieser Frage auch gespalten? Dann geh beiden Impulsen auf den Grund:

Teilst du diesen Gedanken? Ist er für dich *ein Grund zum Bleiben*? Warum?

____

____

____

Teilst du diesen Gedanken nicht? Ist er für dich *kein Grund zum Bleiben*? Warum nicht?

____

____

____

Was möchtest du in diesem Kapitel für dich herausfinden?

____

____

____

Jetzt: Wann es Zeit ist, zu gehen

Was noch im Weg steht

Vielleicht bist du jetzt an einem Punkt, wo du für dich klar entschieden hast, dass du dich trennen möchtest. Möglicherweise bist du aber auch noch unentschlossen.

Beginn damit, deine aktuelle Frage zu formulieren. Ist es »*Bleiben oder gehen?*« oder ist es eine andere?

Meine Frage:

Welche Unklarheiten, welche Fragen, welche Zweifel, welche Hindernisse stehen dir noch dabei im Weg, diesbezüglich eine Entscheidung zu treffen – ganz gleich, wie sie ausfällt?

Mal auf, wie sie dich von deiner Klarheit trennen. (Es muss kein Kunstwerk werden – das Malen ist nur eine andere Art, an dein implizites Wissen heranzukommen. Dein innerer Kritiker darf sich also freinehmen.)

So, jetzt darf dein Kopf wieder mitspielen. Analysiere das Bild: Was sagt es dir?
Hier kannst du systematisch aufschreiben, was dich daran hindert, in der Frage, die dich umtreibt, endgültig Klarheit für dich zu finden:

1. ______
2. ______
3. ______
4. ______
5. ______
6. ______
7. ______
8. ______
9. ______
10. ______

Was kannst du tun, um diese Hindernisse aus dem Weg zu räumen? Bau aus den im Weg liegenden Steinen ein Fundament:

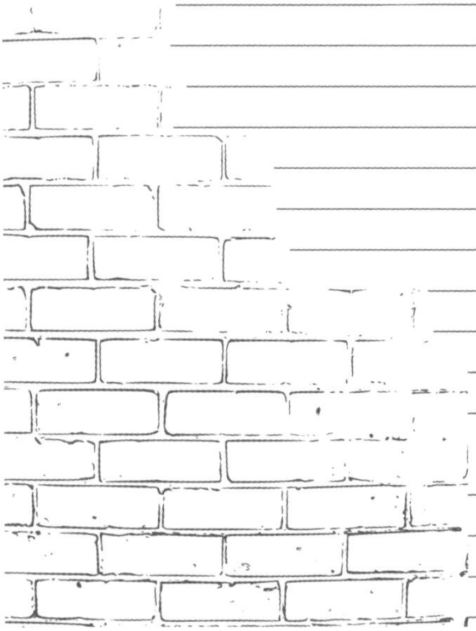

Die letzte letzte Chance

Menschen in toxischen Beziehungen fällt es oft schwer, den Absprung zu schaffen. Wenn du jetzt noch nicht gehen kannst, aber vermutest, dass es eine gute Idee sein könnte, kann dir folgendes Vorgehen helfen:

Setz dir ein Zeitlimit, wie lange du euch noch die Chance geben möchtest, es miteinander zu versuchen:

Mein Limit (Datum): ____________________

Was müsste in dieser Zeit passieren / sich in dieser Zeit verändert haben, damit du nach Ablauf der Zeitspanne mit guten Gefühl *bleibst*? Formuliere möglichst konkret, so dass du hinterher leichter überprüfen kannst, ob das wirklich eingetreten ist:

Was passieren / sich ändern muss, damit ich *bleiben* kann	**Was passiert ist / sich geändert hat**
Beispiel: Sie müsste Verantwortung für ihr Verhalten übernehmen: ihren Beitrag zu Problemen einsehen, sich entschuldigen, die entstandene Verletzung reparieren und ihr Verhalten in Bezug auf folgende Punkte dauerhaft ändern, nämlich: …	*Beispiel: Als sie merkte, dass ich es mit der Trennung ernst meine, war sie netter: Sie hat wieder öfter getextet und mal einen Ausflug mit mir gemacht. Wirklich verändert hat sich aber nichts. Keinen unserer Konflikte konnten wir verstehen oder beilegen.*

Umgekehrt gefragt: Welche Kriterien müssten nach Ablauf der Frist erfüllt sein, damit du *gehst*? Sei auch hier wieder so konkret wie möglich, damit es leichter beobachtbar ist:

Was wären klare Kriterien, die dafür sprechen, zu *gehen*?	**Was du davon beobachtet hast und was nicht**
Beispiel: Wenn Streit nach wie vor nur dadurch beendet werden kann, dass ich mich entschuldige, auch wenn die Verantwortung nicht bei mir liegt – oder zumindest nicht nur bei mir.	*Einmal hat er sich entschuldigt. Sein Verhalten hat er aber dennoch nicht verändert.*

Was kannst du selbst während der Zeit, die du euch noch schenkst, tun, um die nötigen gemeinsamen Veränderungen einzuleiten? Und was tust du eben auch genau *nicht*, um nicht (erneut) die Verantwortung für zwei zu übernehmen, die Beziehung allein zu führen oder durch Selbstoptimierung eine Verbesserung der Situation zu erzwingen:

Beispiel: Ich werde keinen Konflikt scheuen, sondern freundlich, aber offen meine Bedürfnisse ansprechen. Ich werde mich nicht anpassen, um ihn gnädig zu stimmen – beispielsweise indem ich mehr Sex mit ihm habe, als ich möchte.

Wer kann dich und das, was geschieht, während dieser Zeit aus einer Außenperspektive mitverfolgen, damit die kognitive Dissonanz dir nicht den klaren Blick verstellt? Wie stellt ihr das sicher?

Beispiel: Ich werde mich im Rahmen von Coaching oder Therapie durch diese Testphase begleiten lassen. Ich nehme diese Übungen mit in die Sitzungen. Denn ohne eine Zweitmeinung fürchte ich, dass ich mir alles schönrede und Veränderungen sehe, wo keine sind.

Tipp: Vereinbare nach Ablauf des Prozesses ein abschließendes Gespräch mit dieser Begleitperson, damit sie dir bei der Auswertung am Ende und bei der Entscheidungsfindung helfen kann. Was genau wird dabei ihre Aufgabe sein?

Hier kannst du den Termin des Evaluationsgespräches festhalten: ______

Was hat das abschließende Gespräch ergeben? Was ist deine Konsequenz daraus?

Fühlst du dich bereit, diese Konsequenz umzusetzen? Wenn nicht: warum nicht?

> *»Eilen hilft nicht; zur rechten Zeit fortgehen, das ist die Hauptsache.«*
>
> Jean de La Fontaine

Der richtige Augenblick

Es ist nicht leicht, den richtigen Augenblick für eine Trennung zu finden – schon gar nicht für eine solche. Daher möchte ich dir in den folgenden Abschnitten einen kleinen Raum schaffen, damit du dir darüber klar werden kannst, wie ein solcher »richtiger Augenblick« eigentlich beschaffen sein müsste. Dann kannst du ihn besser erkennen, wenn er kommt. Und du kannst vielleicht sogar dazu beitragen, *dass* er kommt und *wann*.

Was wäre der richtige Moment für eine Trennung?

Was bräuchtest du, um genügend Kraft und Unterstützung für diesen Schritt zu haben?

Wie kannst du dafür sorgen, dass diese Voraussetzungen erfüllt sind? Beziehungsweise, zu welchem Zeitpunkt wäre das gegeben?

Zeichnet sich ein Zeitpunkt ab? Welcher?

Die nächsten Seiten können dir weitere Ideen an die Hand geben, wie du dir Rahmenbedingungen schaffen kannst, die dich bei diesem harten Schritt möglichst weich fallen lassen.

Gut vorbereitet ist halb getan: Ein sicherer Hafen für die Zeit nach der Trennung

Ankerplatz

Die Trennung kann sehr herausfordernd sein und heftige Gefühle und innere Prozesse mit sich bringen, die uns ganz schön von den Beinen fegen können. Manche beschreiben das, was sie nach dem Cut erlebten, als »kalten Entzug«. Es macht also Sinn, nicht zu unterschätzen, was auf dich zukommt. Eine gute Vorbereitung kann dabei helfen, dass du dich in dieser schwierigen Lage bestmöglich wieder fängst.

Was wird die Trennung vermutlich mit dir machen? Mit welcher emotionalen Reaktion rechnest du?

Arbeiten, nicht arbeiten müssen, wegfahren oder zu Hause sein, Gesellschaft haben oder Rückzug – was brauchst du, um das abzupuffern?

___

___

___

Wie könntest du das entsprechend gestalten?

___

___

___

Wenn du Kinder hast: Wo sind die Kinder während der Trennung und in den ersten Tagen danach? Wo sind sie sicher untergebracht? Wer kann ihnen in dieser Situation am besten zur Seite stehen? Hast du dazu genügend Kraft oder nicht? Diese und andere Fragen sollten ggf. bei der Planung mitbedacht werden.

Und welche Rahmenbedingungen möchtest du darüber hinaus betrachten?

___

___

Schwierigkeiten antizipieren

Narzissmus kommt mit einem Set von Eigenschaften, die gerade vor, während und nach einer Trennung zu Problemen führen können: Die leichte Kränkbarkeit des Menschen an deiner Seite, der Stolz, die Rachsucht und die Neigung zu Schmutzkampagnen etwa können diese Phase zu einer besonders heiklen Angelegenheit machen. Es ist daher ratsam, auch auf extreme Reaktionen vorbereitet zu sein. Die Vorstellung, dass einem von dem Menschen, der einem einmal am nächsten stand, Gefahr droht, kann ganz schön Angst machen. Doch Panik hilft nicht weiter. Im Gegenteil. Empfehlenswert ist eine zweifache Prävention:

1. Kühl und sachlich mögliche Gefahren und Hindernisse voraussehen und ihnen vorbeugen.
2. Etwas gegen den Panikmodus tun – zum Beispiel Yoga, eine Reise, eine Therapiesitzung etc.

Was könnte *dir* helfen runterzukommen, wenn du unter der Unwägbarkeit der Situation leidest?

Du kennst den Menschen an deiner Seite am besten. Mit welchen Problemen rechnest du im Verlauf der Trennung?

Bitte hab bei der Einschätzung im Hinterkopf, dass eine so mächtige Kränkung wie das Verlassenwerden durchaus zu Verhaltensweisen führen kann, die dieser Mensch noch nie (oder zumindest nicht in solcher Heftigkeit) gezeigt hat. Vielleicht fällt es dir sogar schwer, sie ihm zuzutrauen. Kreuze an und ergänze:

Möglich …

- … dass mir für den Fall, dass ich bleibe, Änderungen versprochen werden, nämlich:
- … dass mir für den Fall einer Trennung gedroht wird, nämlich mit:
- … dass mir wichtige Dokumente nicht ausgehändigt werden, nämlich:
- … dass ich aus der Wohnung fliege, nämlich so:
- … dass mir meine persönlichen Habseligkeiten vorenthalten werden, um mich zu halten oder zu verletzen, nämlich:

- … dass die Kinder als Druckmittel benutzt werden, indem:
____
- … dass ich Opfer von Stalking werde, zum Beispiel:
____
- … dass es einen Gewaltausbruch gibt:
____
- … dass es im Nachgang Vergeltungsaktionen gibt, z. B.:
____
- … wären Schmutzkampagnen, d. h. üble Nachrede, Rufmord und Ähnliches, und zwar:
____
- … dass Flying Monkeys auf mich angesetzt werden, um
____
- … dass meine Kinder in Gefahr sind,
____
- … dass er/sie, um mich zu verletzen,
____
- … dass er/sie sich etwas antut:
____
- ____
- ____
- ____

Welche präventiven Maßnahmen könntest du ergreifen, damit du für den Fall der Fälle gut gewappnet bist? Wer könnte dir, falls nötig, dabei helfen?

____
____
____

Sicherheitsleine

Um Trennungen herum ist die Wahrscheinlichkeit für *Partnerschaftsgewalt* besonders hoch.[59] Narzisstische Menschen können unter Umständen durch diese Zurückweisung so verletzt sein, dass sie sich und/oder andere in Gefahr bringen. Das muss nicht der Fall sein, ist aber nicht unmöglich.

Gerade die Trennung selbst kann heikel sein: Zum einen können wir wieder eingesaugt werden, bevor wir überhaupt *»Es ist aus!«* über die Lippen bekommen haben. Und zum anderen kann unser Gegenüber gerade im Affekt zur Bedrohung werden, z. B. durch *gefährliches Fahren*, spontane Schläge, den Sprung vom Balkon oder durch das Werfen herumliegender Gegenstände. Das gilt es bei der Wahl des Settings für die Trennung ganz nüchtern zu bedenken.

Wähle daher für die Trennung am besten…

1. … einen Ort, an dem die soziale Kontrolle einen Schutz darstellt. In einem Café beispielsweise ist ein Übergriff unwahrscheinlicher als unbeobachtet in den eigenen vier Wänden.
2. … die sichere Distanz – d. h. eine Trennung per Anruf, Brief oder Textnachricht.

Wichtig ist, ein gutes Gleichgewicht zu finden:

- Frag dich einerseits: Was bietet dir genug Schutz vor deiner eigenen Tendenz, doch einzuknicken und zu bleiben? Und welche Distanzierung vermeidet Gefahren, die aus dem Affekt der Kränkung heraus unter Umständen eintreten könnten?
- Frag dich andererseits: Welches Setting erlaubt dir einen guten Abschluss, der nicht durch die Wahl des Mediums wiederum zu einer folgenschweren Kränkung führt? (Zum Beispiel, weil die Rage darüber, per SMS abserviert worden zu sein, so groß ist, dass du bösen Besuch bekommst oder keine gute Basis für die Verhandlungen rund um die Scheidung hast.)

Was brauchst du selbst, damit die Trennung für dich stimmig ist? Was ist *dein* Bedürfnis?

Achtung Kleingedrucktes! Achte hier darauf, dass du wirklich über *dich* sprichst und nicht über dein Gegenüber. Etwas wie »*Ich will ihr sagen, warum ich gehe, und ihr helfen zu erkennen, dass sie ein Problem hat*« ist nicht wirklich eine Äußerung über dich und das, was du jetzt brauchst. Oft stoßen wir an dieser Stelle auf die kleine Stimme in uns, die flüstert: »*Vielleicht ändert sie sich ja jetzt, wo sie merkt, dass es mir ernst ist*« – diese hartnäckige Sehnsucht, die den/die andere(n) nicht loslassen will. Das aber ist Beziehungskitt, den es jetzt zu lösen gilt.

Jetzt prüfe mal kritisch, was du gerade über dein Bedürfnis geschrieben hast: Was davon ist realistisch? Und was (für *dich*) hilfreich?

Beispiel: Was mich stört, weiß sie. Ich habe es x-mal gesagt. Für Feedback war sie nie offen; es hat sich nie etwas verändert. Stattdessen gab es heftige Gegenwehr, wenn ich das Gespräch gesucht habe. Darum gehe ich ja. – Warum sollte es sie jetzt plötzlich interessieren? Und, viel wichtiger: Warum sollte ich mir das erneut antun!?

Warum hast du bei der Gestaltung der Trennung dieses Bedürfnis?

Beispiel: Irgendwo in mir wohnt noch Hoffnung, dass sie doch noch versteht, was los ist. Ich kann die Sehnsucht nicht ganz loslassen. Da ist immer diese kleine Stimme, die flüstert: »Vielleicht ändert sie sich ja jetzt, wo sie merkt, dass es mir ernst ist.«

Vielleicht bist du gerade einem Beziehungskitt auf die Spur gekommen, den es zu lösen gilt. – Was hilft dabei?

Beispiel: Ich lasse los, zu hoffen. Ich führe mir vor Augen, dass es bis jetzt nicht möglich war, gemeinsam an den Problemen zu arbeiten, und dass das folglich auch in Zukunft nicht der Fall sein wird.

(Wie) Ändert diese Erkenntnis deine Bedürfnisse bezüglich der Trennung?

Beispiel: Ich will nichts erklären. Ich will nur gehen. Erklärungsversuche sind bloß eine Einladung für Rechtfertigungen oder Vorwürfe. Das verstrickt mich ins Gespräch, bindet mich und erlaubt ihr, mir wehzutun. Mein ideales Trennungs-Setting ist folglich eine kurze SMS.

Hast du diesbezüglich (moralische) Bedenken?

Beispiel: Ich kann mich nach 40 Jahren Ehe doch nicht per SMS trennen!

Wie kannst du dir diese Bedenken nehmen?

Beispiel: Wenn es meiner Sicherheit dient, ist das angebracht. Ein persönliches Treffen bliebe ja ohnehin ergebnislos. Wozu also?

Wenn Gewalt ein Thema ist

Ist Gewalt im Spiel oder macht eine Trennung das Ausbrechen von Gewalt wahrscheinlicher, kann eine Beratung im Frauenhaus oder einer Beratungsstelle für von Gewalt bedrohte Männer sinnvoll sein. Eine umfangreiche Gefährdungseinschätzung ermöglicht es, eine sichere Flucht zu planen. Dazu kann auch eine Auskunftssperre bei der zuständigen Meldebehörde gehören, so dass der Aufenthaltsort nicht herausgefunden werden kann.[60] Auch bei der Polizei kann man sich beraten lassen. Vorher sollte allerdings juristischer Rat eingeholt werden, bei welchen Vergehen die Polizei verpflichtet ist einzugreifen. Das Beratungsgespräch soll ja schließlich nicht dazu führen, dass dein Plan vor der Zeit offenbar wird.

Weitere Anlaufstellen findest du im Anhang.

Beispiele für Gefahren abwehrende Maßnahmen durch die Polizei:

- Kontaktverbot
- Platzverweis
- Aufenthaltsgebot oder Aufenthaltsverbot
- Gewahrsam
- Belehrung
- Gefährderansprache

Im Einzelfall kann es notwendig werden, umzuziehen, den Job zu wechseln und die Lebensgewohnheiten so zu verändern, dass man nicht ohne Weiteres gefunden werden kann. Auch das Mitführen eines Alarmgerätes kann angezeigt sein.[61]

Sauberer Schnitt

Gut, wenn auch die Worte, die du für das Ende der Beziehung wählst, die Wahrscheinlichkeit dafür erhöhen, dass du möglichst reibungslos da rauskommst. Dafür kannst du zum Beispiel sogenannte *Ich-Botschaften* verwenden:

Eine Ich-Botschaft besteht nach Schulz von Thun aus:

1. *Sachinformation:* Welche Fakten möchte ich mitteilen?
2. *Selbstkundgabe:* Welche Gefühle und Bedürfnisse möchte ich in den Kontakt bringen?
3. *Appell:* Worum möchte ich das Gegenüber bitten?

Die konfliktträchtigste Ebene der Kommunikation, die *Beziehungsbotschaft (»Du bist …!«)* wird ausgespart, um Auseinandersetzungen zu vermeiden.

So könnte eine Ich-Botschaft klingen:

Beispiel: Hallo Julie.
Wir haben uns noch genau sechs Monate gegeben, um herauszufinden, ob wir wieder einen Weg zueinander finden. Die sind heute um. Ich merke, ich suche etwas anderes, und möchte unsere Beziehung daher beenden. Bitte hol innerhalb der nächsten zwei Wochen deine Sachen ab.
Sarah

Wie könntest du deine Entscheidung, die Beziehung zu beenden, als Ich-Botschaft formulieren? Je nachdem, ob du die Zeilen aufschreibst oder ob du sie dir für ein Gespräch zurechtlegst, klingt das natürlich etwas anders.

Der Fokus der Ich-Botschaft liegt auf der *Selbstkundgabe.* In der Kommunikation mit narzisstischen Menschen erfordert dies eine gewisse Vorsicht: Wenn wir zu viel von uns preisgeben, machen wir uns angreifbar und verletzlich, wie zum Beispiel: *»Es tut mir weh, wenn du fremdgehst.«* Bei Empathiebegabten Mitmenschen eine gute Idee, doch für narzisstisch Gekränkte unter Umständen eine Steilvorlage für den Gegenschlag.

Prüf daher sicherheitshalber, ob du bei deiner Wortwahl für dein Gefühl genügend darauf geachtet hast, dich zu schützen. Möchtest du etwas umformulieren?

Beispiel: »Ich möchte meiner Partnerin vertrauen können. Fremdgehen ist für mich ein No-Go.«

____

____

____

Außerdem ist es wichtig, darauf zu achten, dass nicht versehentlich eine kritische *Du-Botschaft* in unseren Selbstausdruck rutscht (*»Du bist notgeil und hast keinen Respekt!«*), was heftige Reaktionen beim empfindlichen Gegenüber provozieren könnte. Solche Interaktionen könnten dazu beitragen …

- … Lücken zu lassen, um uns zurückzuholen. Wenn beispielsweise deutlich wird, dass du bezüglich der Trennung unsicher bist, kann das Gegenüber hier einhaken und deine Entscheidung ins Wanken bringen.
- … dass uns die unerwartete Retourkutsche ohne Deckung trifft.
- … Gegenwehr zu erzeugen, so dass die Kommunikation aufrechterhalten und obendrein noch anstrengend wird (beides wollen wir nicht mehr).
- … die Eskalationen gefährlich werden zu lassen, weil das empfindliche Ego getroffen ist.

- … dass uns die Schuld für die Eskalation gegeben wird, da unsere Du-Botschaft sie ausgelöst hat.

Enthält deine Ich-Botschaft Spuren von Vorwürfen? Dann formuliere noch mal neu und bleib bei *dir*:

Beispiel: »In einer Partnerschaft brauche ich Vertrauen und Respekt. Dazu gehört für mich, dass ich mich auf Treue verlassen kann.«

____

____

____

____

Stark bleiben: Was dich erwartet und wie du Rückfälle verhindern kannst

Puffer für die Seele

Eine toxische Beziehung ist nervenaufreibend – ihr Ende aber auch. Gerade jetzt ist es wichtig, dass wir auf uns aufpassen. Wenn wir uns nicht gut um uns selbst kümmern, sind wir energetisch im Minus und daher anfällig für unsere eigene Sehnsucht oder für Versuche unseres Gegenübers, uns in die frisch beendete Partnerschaft zurückzuholen. Viele Betroffene hängen jahre- und jahrzehntelang in einer sich zuspitzenden On-off-Spirale fest. Auch sind wir in der Krise anlehnungs- oder ablenkungsbedürftig und daher offen für neue Affären – und somit leichte Beute. Daher ist es wichtig, dass du gerade jetzt besonders gut für dich sorgst. Hier ein paar Anregungen:

Schritt 1: Leib und Seele zusammenhalten

Wenn wir ausreichend schlafen, uns gesund ernähren, regelmäßig bewegen und von Substanzen wie beispielsweise Alkohol fernhalten, haben wir mehr Kraft und Klarheit, um den Herausforderungen im Trennungsprozess zu begegnen.

Wie kannst du in dieser Zeit deinen Körper stärken?

Auf welche (äußeren und inneren) Hindernisse könntest du dabei stoßen?

Wie kannst du ihnen begegnen, um eine angemessene Selbstfürsorge möglich zu machen? Und was braucht dein innerer Schweinehund, um mit dir an einem Strang zu ziehen?

Schritt 2: Abstinenz

Gerade in Krisenzeiten kann die Versuchung groß sein, sich Hals über Kopf in amouröse Abenteuer zu stürzen – es täte jetzt so gut, sich geliebt zu fühlen! Doch Achtung! Gerade jetzt sind wir in Gefahr, in die nächste toxische Liaison zu geraten. Und es ist wichtig, dass wir erst mal wieder zu uns selbst zurückfinden und auf eigenen Beinen stehen, bevor wir nach einer neuen Liebesbeziehung Ausschau halten, wenn wir wollen, dass es diesmal eine glückliche ist. Denn: *Wen* ziehen wir in diesem Zustand an!? – Eben!

Man braucht ca. ein bis zwei Jahre, um von der Sucht nach den körpereigenen Substanzen zu entgiften und um Stabilität in sich selbst zu finden. So lange ist es gut, allein zu bleiben. Gerade dann, wenn das *schwerfällt*, ist es wichtig, das zu lernen. Denn wer nicht allein sein kann, bleibt ewig abhängig von anderen.

Wie kannst du die Zeit der Abstinenz für dich gestalten? Wie kannst du dabei deine seelischen und körperlichen Bedürfnisse ausreichend berücksichtigen?

____

____

Mach dich gegen Lovebombing immun! Wenn dir Liebe und Aufmerksamkeit fehlen, gib sie dir selbst: Kauf dir neue Klamotten, in denen du dich schön fühlst, richte deine Wohnung gemütlich ein, führ dich zum Essen in ein neues Restaurant aus …

Was könntest du tun, um dir in Momenten des Zweifels Liebe zu geben, beziehungsweise, um dich so glücklich zu machen, dass Zweifel gar nicht erst aufkommen?

1. ______________________________
2. ______________________________
3. ______________________________
4. ______________________________
5. ______________________________
6. ______________________________
7. ______________________________
8. ______________________________
9. ______________________________
10. ______________________________

Vielleicht möchtest du dir ein Post-it ans Telefon oder den Computer kleben, um dich rechtzeitig daran zu erinnern? *#Lovebomb Yourself!*[62]

Schritt 3: Vom Panikmodus in die Gelassenheit

Viele Betroffene sind es gewohnt, unter starker Anspannung zu stehen. Ein hohes Stresslevel ist für sie der Normalzustand. Sie befinden sich, ohne es zu merken, nahezu dauerhaft in einem inneren *Notfallmodus.*

Auch posttraumatische Symptome oder die hormonelle Umstellung durch die Trennung können Stress- und Angstsymptome bewirken – zum Beispiel Schlafstörungen, Schreckhaftigkeit, Panik und Ähnliches. Dagegen helfen beispielsweise Entlastung, Bewegung, Ruhe in der Natur, Stimulation des Vagusnervs und Entspannungstechniken. Gerade *Yin Yoga* eignet sich besonders gut nach tendenziell traumatischen Erfahrungen. Das sanfte Stretching wirkt der Verkrampfung durch die Angst entgegen und stärkt die Selbstfunktionen (z. B. Selbstbewusstsein oder Selbstfürsorge), so dass es uns zum inneren Bedürfnis wird, uns um uns selbst zu kümmern.

Was wirst du tun, um dich runterzubringen?

Keine Haken bieten

Die Zeit nach der Trennung aus einer toxischen Beziehung kann sich anfühlen wie ein Entzug. Und tatsächlich gibt es viele Parallelen: Wir überwinden die durch die gelegentlichen, wohlkalkulierten Dosen von Liebenswürdigkeit seitens unseres narzisstischen Gegenübers entstandene Sucht von körpereigenen Stoffen; wir sind raus aus dem giftigen narzisstischen Einflussbereich. Wir sind endlich in Sicherheit. Und um möglichst schnell »clean« zu werden, empfiehlt es sich, nach Möglichkeit einen »kalten Entzug« zu machen. Denn jede Dosis »Narzissengift« kann uns wieder zurück in den *Hirnnebel* führen, in den Zweifel an der Richtigkeit unserer Entscheidung, in den Einfluss der zerstörerischen Botschaften.

No Contact

Je schneller wir ganz aus dem Kontakt gehen, desto schneller haben wir es hinter uns. Der komplette Kontaktabbruch ist also in Sachen Heilung das Patentrezept: Sobald alle Fragen geklärt sind, die im Zuge einer Trennung noch abzuwickeln sind, sollte die Kommunikation von unserer Seite aus komplett enden, wenn dem nichts entgegensteht.

Keine Sorge: Das ist nicht dasselbe wie Silent Treatment – das ist *Selbstschutz*! Du entziehst dich nicht, um zu bestrafen, du entziehst dich, um dich zu schützen und um die Verbindung zu kappen.

Inwiefern kannst du den Kontakt komplett beenden? Was spricht dagegen, was dafür?

____

____

____

Low Contact

Manchmal lassen sich Begegnungen nicht vollständig vermeiden. Wenn es nicht vermeidbar ist, z. B. bei Hochzeiten, Trauerfeiern, Schulabschlüssen etc., kannst du begrenzten, oberflächlichen Kontakt pflegen.[63] Dabei kann man z. B. Grey Rock[64] anwenden (siehe unten).

Grey Rock (auch Gray Rock genannt)

Viele Menschen können nicht oder nicht sofort den Kontakt abbrechen. Hier hilft die bekannteste Kommunikationstechnik für den Umgang mit narzisstischen Menschen. Dabei werden wir langweilig wie ein grauer Stein. Weder geben wir narzisstische Zufuhr, noch werden wir zur Bedrohung. Wir sind Teflon. So werden wir aus narzisstischer Sicht uninteressant und irgendwann werden wir in Ruhe gelassen. Und so funktioniert es:

Du antwortest …

- kurz
- höflich, freundlich
- unverbindlich, oberflächlich
- un-emotional
- distanziert: telefonieren statt treffen, mailen statt telefonieren, simsen statt mailen …

Wenn narzisstische Personen merken, dass sich unser Verhalten ändert, versuchen sie, wieder eine Reaktion aus uns hervorzulocken – zum Beispiel durch Lovebombing oder Provokationen. Lass dich nicht verführen oder reizen. Bleib ein grauer Stein – bis das Interesse an dir erlischt. Diese Herausforderungen machen unter Umständen eine Auseinandersetzung mit deinen eigenen Themen wie *Verlassenheitsangst* oder *Einsamkeit* erforderlich.

Schritt 1: Bisherige Kommunikationsstrategien verstehen

Das narzisstische Verhalten hat in der Regel dazu geführt, dass wir alles Mögliche und Unmögliche ausprobiert haben, um eine Lösung oder zumindest eine Reaktion zu bekommen – meist ohne Erfolg.

Was waren deine bisherigen Strategien im Umgang mit dem/der Ex? Kreise ein und ergänze:

- Argumentieren
- Erklären
- Meckern, Nörgeln
- Lautwerden
- Schimpfen
- Schmollen
- Drohen
- Verantwortung übernehmen, sich entschuldigen
- Emotionen zeigen
- Bedürfnisse runterschlucken
- Probleme nicht mehr ansprechen
- Nachgeben, Beschwichtigen, Appeasement
-
-
-
-
-

Was war die Wirkung dieser Ansätze? Und wie geht es dir damit?

Was würdest du gern verändern?

Schritt 2: Neue Kommunikationstechniken anwenden

Übe die neuen Kommunikationstechniken an einem echten Beispiel:

Auf welche Äußerung oder auf welches Verhalten gilt es zu reagieren?
Beispiel: Er hat mir eine Kette zurückgegeben, die ich ihm geschenkt hatte; er hat sie einfach vor die Haustür gelegt! Das macht er, um mir wehzutun.

Was macht das mit mir?
Beispiel: Ich bin verletzt.

Wie sähe normalerweise deine Reaktion aus?
Beispiel: Ich würde ihm eine wütende SMS schreiben.

Wie wäre es, darauf gar nicht zu reagieren (*No Contact*) und auch sonst nicht mehr zu reagieren?

Beispiel: Genau richtig! Den Triumph, mich zu verletzen, gönne ich ihm nicht!

Wie könnte eine Antwort mit *Grey Rock* aussehen?
Beispiel: Wenn er mich darauf anspricht, sage ich sachlich, dass ich die Kette erhalten habe. Oder schlicht: »Danke!« Wenn er nicht fragt, schneide ich das Thema von mir aus nicht an.

Firewalling

Wenn keine der bisher genannten Techniken so recht zu deinem Beispiel und zu eurem Verhältnis passen will, ist vielleicht *Firewalling*[65] etwas für dich: Diese Methode ist eine Analogie auf die Firewall, die wir aus dem Computer kennen: Sie ermöglicht es, uns mit anderen zu vernetzen, und schützt uns dabei vor Schaden. Um im Bild zu bleiben: Mehr, als das beim etwas hölzernen Grey Rock möglich ist, erlaubt uns Firewalling Austausch. Dabei passen wir aber darauf auf, dass wir keine sensiblen Daten preisgeben (Geheimnisse, wunde Punkte, Verletzlichkeiten, Steilvorlagen für eine erneute Kontaktaufnahme, die in eine On-off-Beziehung münden könnte etc.) und keine Computerviren reinlassen (Provokationen, Selbstwertschwächende Botschaften, Fehlannahmen etc.). Dazu lernen wir – genau wie ein Spamfilter das tut: Wir werden immer besser darin, herauszufinden, was mit dieser speziellen Person geht und was nicht.

Füttere dazu mal deinen Spamfilter: Welche Ebenen funktionieren bedenkenlos oder unter bestimmten Umständen, welche solltest du lieber meiden?

Was mit dem/der Ex *funktioniert*	**Was mit dem/der Ex *nicht funktioniert***
Beispiel: Mit den Kindern und in großer Familienrunde Weihnachten feiern.	*Beispiel: Nur mit den Kindern und mir Weihnachten feiern.*
Beispiel: Sachlich Absprachen treffen.	*Beispiel: Metakommunikation darüber, warum uns bestimmte Verhaltensweisen wehtun.*

Wenn es passt, greife nun wieder zum Beispiel mit der Halskette von oben:

Wie könnte eine Antwort mit *Firewalling* aussehen?
Beispiel: Wenn er mich auf die Kette anspricht, die er mir zurückgegeben hat, würde ich es vermeiden, ihn meine Verletzung darüber spüren zu lassen. Ich würde mir vorher eine Frage paratlegen, die ich ihm stellen kann, um ihn geschickt abzulenken. Zum Beispiel könnte ich mich nach seiner neuen Ausstellung erkundigen – er redet gern über sich und sein Werk. Und mich kostet das nichts: Zum einen Ohr rein, zum anderen wieder raus.

Welche der drei Kommunikationstechniken passt zu deinem Beispiel, zu deiner Art und zu eurem Miteinander – No Contact,

Grey Rock oder Firewalling? Warum scheint dir gerade diese Technik angezeigt?

Bei welchen Gelegenheiten passen die anderen beiden Techniken eventuell besser?

Möglich ist, dass du durch dein verändertes Benehmen Wutausbrüche oder Lovebombing erntest, was dich dazu bewegen soll, zu deinem bisherigen Kommunikationsverhalten zurückzukehren. Denn der Kontakt mit dir liefert keine narzisstische Zufuhr, wenn du weder mit positiven noch mit negativen Gefühlen reagierst.

Wende die Technik(en) deiner Wahl ein paar Tage oder Wochen lang an und beobachte:

Was ändert dein neues Verhalten in eurem Kontakt? Wie geht es dir damit?

Wie kannst du diesbezüglich gut für dich sorgen?

Beispiele für Apps, welche die Kommunikation zwischen getrennt lebenden Eltern erleichtern[66]

- TimeTree
- Google Kalender
- Pendelkinder
- Getrennt-Gemeinsam
- FamilyWall

Apps haben einige Vorteile: Das Medium ist noch distanzierter, die Interaktionen werden dokumentiert und zum Teil ist die Zeichenzahl begrenzt.

Yellow Rock

Gerade für die Organisation rund um gemeinsame Kinder funktioniert Grey Rock nicht unbedingt. Erstens ist die Methode zu kurz angebunden, um alles Nötige vereinbaren zu können. Zweitens sind Kinder, Familie oder juristische Instanzen eventuell von unserer kühlen Art erschreckt. So laufen wir Gefahr, dass man *uns* für einen Teil des Problems hält. Darum hat Tina Swithin[67], eine betroffene Mutter, *Yellow Rock* erfunden: Man schützt sich wie bei Grey Rock – bloß malt man den Stein in einem freundlichen Gelb an:

- Längere Antworten sind möglich.
- Größere Freundlichkeit – aber nicht für das narzisstische Gegenüber, sondern für Dritte (Kinder, Familie, Freundeskreis, Gerichte …).
- Mehr Authentizität.
- Mehr »bitte«, »danke« und »Hallo«.

Tina Swithin hat dazu »*Canned Responses*«[68], d. h. »*Antworten aus der Dose*« bereitgestellt: Vorgefertigte Antworten, die du jetzt, mit kühlem Kopf, schreibst und dann leicht abgewandelt kopieren und einfügen kannst, wenn du eine Nachricht erhältst, die dich auf hundertachtzig bringt. In meinen Trainings gebe ich folgende daran angelehnte Kostproben.

Welche kannst du vielleicht mal gebrauchen? Kreise ein.

Antworten aus der Dose (frei nach Tina Swithin)[69]

- Ich wünschte, wir wären schon wieder so weit, gemeinsam Weihnachten zu feiern. Aber noch sind wir nicht da.
- Für unsere Tochter wäre es nicht gut, unsere Konflikte zu sehen, wenn wir gemeinsam zu der Veranstaltung gehen. Aber nächstes Jahr sieht das vielleicht schon anders aus.
- Zu diesem Thema möchte ich nichts mehr sagen. Auf konstruktive Nachrichten werde ich natürlich weiter eingehen.
- Lass uns zu der Frage zurückkommen, wie wir das für die Kids gut regeln können.
- Auf diese Ereignisse habe ich eine andere Sicht.
- Danke, dass du mich deine Position zu dem Thema wissen lässt; ich denke drüber nach.
- Lass uns zum nächsten Punkt kommen.
- Tut mir leid, dass du dich so fühlst. Können wir nun den Schulausflug besprechen?
- Ich würde gern eine längere Diskussion vermeiden; lass uns eine Lösung finden!
- Wenn wir streiten, ist das nicht gut für die Kinder. Lass uns sachlich über die offenen Fragen bezüglich der Ferien sprechen.

Hier kannst du Fragen und Vorwürfe vorausahnen und vorab deine Repliken schmieden. Falls es dir schwerfällt, nett zu sein, denk an die Menschen, für die diese Antworten gedacht sind: deine Kids, die Familie, das Jugendamt etc.

Antworten aus der Dose

Wie eine zerbrochene Schallplatte kannst du nun immer so oder so ähnlich antworten, bis es genauso langweilig wird wie bei Grey Rock. Das ist ja gerade das *Ziel.*

Wie du dem Sog standhalten kannst

Nicht auf alle narzisstischen Beziehungen folgt Hoovering – aber auf viele. Es kann sofort passieren oder Jahre später. Es kann in Form von Geschenken, Briefen, Spontanbesuchen, Nachrichten oder Anrufen geschehen – oder dadurch, dass es plötzlich an deiner Tür klingelt, tausend rote Rosen in einer Kristallvase davorstehen und ein Grußkärtchen, das sich für alles entschuldigt. Vielleicht wird auch jemand aus dem Bekanntenkreis als *Flying Monkey* eingesetzt, um dich zu überzeugen, es noch mal zu probieren. Möglich aber auch, dass du nach Monaten um Hilfe gebeten oder zum Geburtstag beglückwünscht wirst.

Wichtig ist, auf all diese Nachrichten nicht zu reagieren (*No Contact*) – oder wenigstens ohne Haken zu lassen. Dazu kannst du die oben beschriebenen Kommunikationstechniken verwenden.

Wenn es den Impuls gibt, zu antworten beziehungsweise tiefergehend zu antworten, folge ihm nicht, sondern beobachte diesen Wunsch in dir:

Schritt 1: Den Antwort-Impuls verstehen

Welcher Teil von dir möchte antworten? Gib ihm einen Namen und eine Gestalt:

Was wünscht sich dieser Teil von dir? Was erhofft er sich davon, zu antworten und tief einzusteigen?

Beispiel:

Ich möchte kein Arsch sein und mich nicht zurückmelden, wenn mir jemand ein frohes neues Jahr wünscht!

> *»Vorwürfe sind ein gutes Konservierungsmittel für den Ist-Zustand und stärken die Bindung zwischen Opfer und Täter – das ist ihre eigentliche Funktion.«*
>
> Jochen Peichl[70]

Schritt 2: Den Antwort-Impuls verwandeln

Meist steckt hinter dem Impuls, zu antworten, ein Bedürfnis. Vielleicht erkennst du dich in einigen der folgenden Bedürfnisse wieder? Kreise ein und ergänze:

- Ich will einen Abschluss finden.
- Ich will verstehen, was zwischen uns passiert ist.
- Ich will sie wachrütteln – vielleicht gibt es ja doch noch eine Chance.
- Ich will vergeben, Frieden finden, loslassen.
-
-
-
-
-

Der Versuch, unser Bedürfnis im Kontakt mit der narzisstischen Person zu erfüllen, führt uns dennoch meist unweigerlich zurück ins Dramen-Karussell. Zielführender ist es, das Bedürfnis ernst zu nehmen und sich *allein* um seine Erfüllung zu kümmern – und nicht in der Interaktion mit dem oder der Ex:

Gibt es eine (konstruktive) Möglichkeit, dein Bedürfnis zu erfüllen, ohne den Kontakt zum/zur Ex wieder aufzunehmen? Welche wäre das?

Beispiel:

Ich vergegenwärtige mir, dass ich niemandem beweisen muss, dass ich ein netter, höflicher Mensch bin. Wenn ich nicht antworte, dann, weil ich mich selbst schütze. Wenn ich noch immer unsicher bin und mich fühle, als sei ich ein schlechter Mensch, kläre ich mit meiner Therapeutin ab, ob es vertretbar und stimmig ist, diese Grenze so zu setzen.

Schritt 3: Die Fäden durchtrennen

Je mehr wir auf diese Weise die Fäden lösen, die uns noch an die alte Beziehung binden, desto freier sind wir. Wende diese Technik immer an, wenn du antworten oder von dir aus Kontakt aufnehmen willst.

Mein Kontaktimpuls	Das Bedürfnis dahinter	Konstruktive Strategie zur Bedürfniserfüllung
Ich will ihm einen Brief schreiben und ihm erklären, warum ich gegangen bin.	*Ich möchte mir sicher sein, dass ich alles versucht habe; ich will Beziehungen nicht einfach wegwerfen.*	*Ich erinnere mich daran, dass ich bereits alles versucht habe: unzählige Briefe (die unbeantwortet blieben), Gespräche (die nicht zu Veränderungen führten), Paartherapie (die es nur schlimmer gemacht hat) …*
Ich möchte mich verabschieden.	*Das Ende ist sehr unklar und offen. Ich brauche einen klaren Schlussstrich, um loslassen zu können.*	*Ich schreibe einen Abschiedsbrief, den ich nicht abschicke, sondern in mein Tagebuch lege.*

Der Weichzeichner der Vergangenheit

Wer eine solche Trennung hinter sich hat, stellt häufig alles, was war, in Frage. Es kann sich anfühlen, wie aus einem bösen Traum zu erwachen. Und du fragst dich vielleicht: *Wo war ich in den letzten Jahren?*

Das Vergangene muss neu bewertet werden. Und diese Klarheit ist schmerzhaft.

Unser Gehirn meint es gut mit uns und versucht, uns die rosarote Brille wieder auf die Nase zu setzen: Es aktiviert einen Filter, der uns in der Rückschau hauptsächlich positive Ereignisse und Gefühle zeigt, um uns vor der Verzweiflung zu bewahren.

Dass wir uns aus der Traumabindung lösen, verstärkt diesen Prozess: Wir haben Ruhe vor den Misshandlungen, es geht uns besser, doch sind wir noch ganz schön weichgespült und einsam nach der Trennung. Daher brauchen wir Nähe. Was läge näher, als sie bei der Person zu suchen, die uns so lang so nah war – geraten doch die Verletzungen in unserem Bewusstsein zunehmend in den Hintergrund, jetzt, wo wir in Sicherheit sind.

Zusammen mit der kognitiven Dissonanz führt dieser sogenannte *Euphoric Recall* dazu, dass uns die Erinnerungen an alle negativen Vorfälle wegrutschen, und damit die Gründe dafür, warum eine Trennung gut ist. Dem Zweifel sind also wieder Tür und Tor geöffnet.

Hast du schon mal erlebt, dass dir plötzlich nur noch gute Momente einfallen? Wie in einem Fotoalbum? Nur lächelnde Gesichter? Und die Querelen vor und nach dem Drücken des Auslösers fehlen?

Was hat zu diesem sehnsuchtsvollen Rückblick geführt? Gab es einen konkreten Anlass?

Beispiel: Ich habe unsere alten Fotos angesehen.

Ist das ein Anlass, den du vermeiden kannst? Wenn ja: wie? Wenn nicht: Wie kannst du ihn neutralisieren, wenn er dir erneut begegnet?
Beispiel: Ich werfe unsere Fotos weg.

Manche Auslöser können wir nicht vermeiden – beispielsweise rechtfertigt nicht jede Trennung einen Umzug. Und allein die ehemals gemeinsame Wohnung kann uns immer wieder an die Beziehung erinnern.

Hier ein Tool, das du verwenden kannst, wenn die rosa Zuckerwatte dich doch wieder einzuhüllen droht:

Die Igitt!-Liste

Die *Ick-List*, zu Deutsch *Igitt-Liste*, ist ein Tool von *Dr. Ramani*, einer bekannten amerikanischen Narzissmus-Expertin.[71] Das Prinzip ist einfach, aber wirkungsvoll: Schreib alle *No-Gos* auf, die dich dazu gebracht haben, dich zu trennen, bzw. die dazu beitragen, dass du es richtig findest, dass ihr euch getrennt habt. Nimm dabei kein Blatt vor den Mund – außer dir liest es ja niemand:

Beispiel: Sie wäre mit mir fast mutwillig gegen einen Baum gefahren, als ich mich von ihr trennen wollte.

-
-
-

Führe diese Liste immer bei dir – als Foto im Handy oder auf Papier. Immer wenn dich Zweifel überkommen, wenn du dich fragst, ob du der Beziehung nicht doch noch eine Chance geben solltest, oder wenn du kurz davor bist, den Kontakt wieder aufzunehmen, wirfst du einen Blick auf die Liste. Sie erinnert dich daran, warum es richtig ist, nach vorne zu sehen und nicht zurück. Sie ist das beste Gegengift gegen Rückfälle.

Sei streng mit dir!

Kognitive Dissonanz ist ein ziemliches Biest. Sie ist der stärkste Klebstoff, der uns in der ungesunden Bindung hält, und sie ist nicht unbedingt mit der Trennung überwunden. Noch Jahre später kann sie mitten in der Nacht vorbeischneien: »*Klopf, klopf! Lang nichts von dir gehört! Aber sag mal: War es nicht damals vielleicht doch vorschnell, zu gehen?*«

Wenn du ungebetenen Besuch dieser Art bekommst, bitte ihn am besten gar nicht erst herein, sondern schlag ihm die Tür vor der Nase zu.

Schritt 1: Gedankenstopp

Wenn du dich beim Selbstgaslighting erwischt und den Drang hast, Kontakt aufzunehmen, sag dir (gegebenenfalls auch laut) Dinge wie: »*Stopp! Da gehe ich nicht weiter!*« Und dann leg den Gedanken beiseite und beschäftige dich zur Ablenkung mit etwas anderem.

Mit welchen Sätzen könntest du dich bei einem drohenden Rückfall bremsen?

____

____

Wiederhole diese und ähnliche Sätze immer wieder, wenn sich Sehnsucht, Schuld, Zweifel oder Kontaktwünsche aufdrängen. Es kann eine Weile dauern, bis sie Ruhe geben. Dabei helfen vielleicht auch diese Ansätze:

Schritt 2: Gedanken ersetzen

Es ist schwierig, etwas *nicht* zu tun. Das überfordert unser Gehirn. Wenn wir ein Verhalten oder einen Gedanken loswerden wollen, ist es daher zielführender, zu wissen, was wir *stattdessen* denken oder tun wollen. Wenn du einen Gedanken hast wie »*Es war meine Schuld, dass es auseinander ging!*« oder »*Ich sollte ihr noch einmal verzeihen!*«, reicht es vielleicht nicht aus, den Gedanken zu stoppen. Möglicherweise funktioniert es besser für dich, wenn du ihn durch einen heilsameren Gedanken ersetzt – zum Beispiel: »*Ich habe alles versucht und um die Beziehung gekämpft*« oder »*Ich habe immer wieder verziehen, das war nur die Eintrittskarte dafür, mich weiter schlecht zu behandeln!*«. Es kann nicht schaden, wenn wir mehrere Sätze bereithalten: Die negativen Gedanken hatten schon eine ganze Weile Zeit, tiefe Rillen in deine seelische Schallplatte zu graben – lieber etwas *mehr* dagegensetzen!

Selbstgaslighting	Paraden (am besten fünf)
Beispiel: Wir können als Freundschaft plus weiter in Kontakt bleiben. Wenn ich mich nur auf Sex konzentriere, wird es nicht so nah, dass es mir wehtun kann.	*Beispiel:* *- Mit einem Menschen, der mich so verletzt hat, bin ich fertig.* *- Ich verdiene eine Beziehung, in der ich geliebt werde.* *- Wenn ich mich wirklich schützen will, muss ich den Kontakt komplett abbrechen.* *- Mich selbst mit Respekt zu behandeln, wird mir helfen, zukünftig nur noch Menschen anzuziehen, die mich ebenfalls respektieren.* *- Ich brauche Zeit für mich, um wieder zu mir und zu meiner Klarheit zu finden.*

Schritt 3: Der Notfallkoffer

Es gibt verschiedenste Gegengifte, die du in Momenten der Schwäche ausprobieren kannst:

Verzögerung

Wenn dir gar nichts gelingen will – weder Gedankenstopp noch das Ersetzen von Gedanken, probier einfach, die Kontaktaufnahme hinauszuzögern: Wenn du texten willst, schalte das Handy aus und verschiebe es auf morgen. Schlaf drüber! Meist ist der Impuls am nächsten Tag unter Kontrolle.

Notfallnummer

Statt den oder die Ex anzurufen, melde dich bei einer Vertrauensperson. Vielleicht möchtest du mit jemandem vereinbaren, dein Notfallkontakt zu sein? Mit wem?

____

____

____

Ablenkung

Richte deine Gedanken auf etwas anderes, meist hilft etwas Schönes: Sport, ein guter Film, das Schrauben an deinem neuen Fahrrad, Gartenarbeit …

Damit dir auch dann etwas einfällt, wenn du aufgewühlt bist und dein Kopf leer ist, schreib dir hier Ideen für den Ernstfall auf:

Statt zu grübeln oder wieder Kontakt aufzunehmen, kann ich …

- ______________________________________
- ______________________________________
- ______________________________________
- ______________________________________

Gegengift

Was helfen kann, ist auch die Beschäftigung mit dem Thema. Je mehr du über narzisstische Beziehungen erfährst, desto mehr kann dich das vom Selbstgaslighting befreien: Denn du erkennst die Muster wieder und hast Evidenz dafür, dass du nicht verrückt bist, sondern etwas erlebt hast, was viele andere auch erleben: eine toxische Beziehung.

Wenn du dich mal wieder fragst, ob es doch geklappt hätte, wenn du nur toleranter gewesen wärst – was hilft dir? Was validiert dich? Kreise ein und ergänze:

- dieses Arbeitsbuch
- Bücher, nämlich: ______________________________
- Videos, zum Beispiel die von ______________________
- Podcasts, nämlich: ____________________________
- Gespräche mit anderen Betroffenen
- ein Selbsthilfeforum
- eine Selbsthilfegruppe
- eine Therapiesitzung
-
-

Prävention

Analysiere, warum diese Gedanken gerade jetzt Macht über dich bekommen.

Kreise ein und ergänze:

- Ich bin müde.
- Ich bin krank.
- Ich bin verkatert.
- Ich langweile mich.
- Mein Leben macht gerade keinen Spaß.
- Ich fühle mich einsam.
-
-

Wie ist es, wenn es dir gut geht und du glücklich bist: Überfällt dich dann auch die Sehnsucht?

Was kannst du tun, damit deine Seele so ausgeglichen ist, dass sie nichts vermisst?

Das Kind im Brunnen: Wenn du rückfällig geworden bist

Sollte es doch zu einem Rückfall kommen, bleib in dieser liebevoll-strengen Elternrolle: Mit einem Kind wärst du auch empathisch. Du würdest Verständnis zeigen, seine Wunden verarzten und es in den Arm nehmen. Wenn es so weit ist, würdest du mit ihm die Lektionen auswerten, damit es für das nächste Mal gerüstet ist.

Falls es dir schon passiert ist, dass du doch wieder mehr Kontakt mit deiner/deinem Verflossenen hattest, als gut für dich war – was hast du aus dieser Erfahrung gelernt? Wie kannst du bei der nächsten Versuchung besser auf dich achtgeben?

Aber – das Wichtigste: Vergib dir selbst.

Dein Fazit zu Kapitel 10

Wie stehst du inzwischen zu dem Gedanken: *»Ich kann nicht gehen! Denn: Was, wenn es der falsche Zeitpunkt ist?«*

Vielleicht bist du in dieser Frage auch gespalten, dann geh beiden Impulsen auf den Grund:

Teilst du den Gedanken (noch)? Ist er für dich *ein Grund zum Bleiben*? Warum?

Teilst du den Gedanken nicht (mehr)? Ist er für dich *kein Grund zum Bleiben*? Warum nicht?

Was nimmst du aus diesem Kapitel mit? (Wie) Hat sich deine Haltung dadurch verändert?

Anhang

Nachwort

Nun bist du auf den letzten Seiten dieses Arbeitsbuches angekommen und hast vermutlich einen langen Prozess hinter dir. Du hast dich intensiv mit dir selbst und deiner Beziehung auseinandergesetzt. An welchem Punkt du jetzt bist, weißt nur du selbst. Vielleicht stehst du kurz vor dem Absprung aus einer Partnerschaft, die dich unglücklich macht. Vielleicht hast du dich bereits getrennt. Möglich, dass sich mittlerweile Dinge zwischen euch zurechtgerückt haben. Oder du steckst fest, bist unschlüssig, verwirrt oder mutlos.

Dieses Arbeitsbuch kann leider nicht versprechen, dass am Ende alles gut wird – was immer das für dich bedeutet. Nicht alles hilft allen. Veränderung braucht manchmal ihre Zeit. Und wir können das Gras nicht schneller wachsen lassen, indem wir es aus der Erde ziehen.

Wenn am Ende dieses Buches noch Fragen offen sind, ist das ein gutes Zeichen. Du bist aufgebrochen und deine Fragen sind dein Wegweiser:

Hat sich im Zuge der Arbeit mit diesem Workbook etwas verändert? Wenn ja: was?

Wie geht es dir mit diesen Veränderungen?

Was würdest du darüber hinaus gern erreichen?

Welche Fragen bleiben offen?

Wie kannst du dich bei ihrer Beantwortung unterstützen?

Welchen konkreten ersten Schritt in diese Richtung kannst du heute tun?

Wo immer du jetzt bist, ich wünsche dir für deine nächsten Schritte viel Klarheit, gutes Bei-dir-Sein, eine Extraportion Selbstliebe, den festen Glauben an deine Träume und den Mut, ihnen zu folgen! Du bist es wert. Vergiss das nie.

Herzlich

Turid

Kontakte

Hilfe in der Krise
Krisenchat (kostenlos für alle unter 25 Jahren)
https://krisenchat.de/

Hilfe für Eltern
Elterntelefon: 0800 1110550
bke-Onlineberatung: https://eltern.bke-beratung.de/views/home/index.html

Hilfe bei sexuellem Missbrauch
Hilfetelefon »Sexueller Missbrauch«: 0800 2255530

Hilfe gegen Suizidgedanken
Notarzt: 112
Telefonseelsorge: 0800-111 0 111 oder 0800 111 0 222
www.suizidprophylaxe.de/hilfsangebote/hilfsangebote/
Akut-Psychotherapieplätze: 116 117

Hilfe gegen häusliche Gewalt
www.frauen-gegen-gewalt.de
www.frauenhauskoordinierung.de
www.frauenhaus-suche.de
www.frauenhauskoordinierung.de/hilfe-bei-gewalt/frauenhaus-und-fachberatungsstellensuche
www.staerker-als-gewalt.de
www.weisser-ring.de / Opfertelefon: 116 006
Hilfetelefon »Gewalt gegen Frauen«: 08000 116016
Hilfetelefon »Gewalt an Männern«: 0800 1239900
Telefonseelsorge: 0800 111 0111 oder 0800 111 0222

Narzissmus-Selbsthilfe
www.em-life-forum.de/selbsthilfegruppen.html
www.narzissmus-selbsthilfe.de
https://forum-umgang-mit-narzissten.de/
www.nakos.de/adressen/datenbanksuche/
www.psychenet.de/de/hilfe-finden/hilfesystem-im-ueberblick/selbsthilfe-und-trialog.html

Schwangere in Not
Hilfetelefon »Schwangere in Not«: 0800 4040020

Therapieplatz-Suche
www.therapie.de/therapeutensuche/
Patienten-Beratung: www.patientenberatung.de / 0800 01 77 22
Der Patientenservice: www.116117.de – Psychotherapie/ 116 117

Über Narzissmus informierte rechtliche Unterstützung:
https://narzissmus-selbsthilfe.de/anwalt-narzissmus-suche/

Weiterführendes

Beziehung und Bindungsmuster

Stahl, Stefanie: Jeder ist beziehungsfähig: Der goldene Weg zwischen Freiheit und Nähe. München: Kailash 2017

Borderline

Kreisman, Jerold J.: Die Kunst, mit einem Vulkan zu sprechen: Kommunikationstechniken für Angehörige von Menschen mit Borderline. München: Kösel 2020

Kreisman, Jerold J.: Ich hasse dich – verlass mich nicht: Die schwarzweiße Welt der Borderline-Persönlichkeit. München: Kösel, 31. aktualisierte und erweiterte Ausgabe

Kreisman, Jerold J.: Ich hasse dich – verlass mich nicht: Die schwarzweiße Welt der Borderline-Persönlichkeit. Hörbuch. München: Lagato 2022

Co-Abhängigkeit

Wilson Schaef, Anne: Co-Abhängigkeit: Die Sucht hinter der Sucht. München: Heyne 2002

Gewaltfreie Kommunikation

Rosenberg, Marshall B.: Gewaltfreie Kommunikation: Eine Sprache des Lebens. Paderborn: Junfermann, 5. Auflage 2005

Rosenberg, Marshall B.: Einführung in die Gewaltfreie Kommunikation, 3 DVDs. Müllheim/Baden: Auditorium Netzwerk 2007

Kurzer Artikel: https://www.studis-online.de/Karriere/gewaltfreie-kommunikation.php

Kurze Einführung: https://www.youtube.com/watch?v=Xwrs2IOc2pM

Listen von Gefühlen und Bedürfnissen: https://www.gfk-plus.net/listen/index%20listen.htm

Häusliche Gewalt

Jäger, Nicole: Unkaputtbar: Wie mein Mangel an Selbstwert zum Problem wurde und wie ich da wieder rauskam. Hamburg: Rowohlt 2021

www.re-empowerment.de

Hochsensibilität/Hochempathie

Braiker, Harriet B.: The Disease to Please: Curing the People-Pleasing Syndrome. New York: McGraw-Hill 2001

Heintze, Anne: Außergewöhnlich normal: hochbegabt, hochsensitiv, hochsensibel: Wie Sie Ihr Potential erkennen und entfalten. München: Ariston 2013

Orloff, Judith: Wenn dir alles unter die Haut geht: Das Überlebenshandbuch für Empathen und Hochsensible. München: Scorpio 2022

Inneres Kind

Stahl, Stefanie: Das Kind in dir muss Heimat finden: Der Schlüssel zur Lösung (fast) aller Probleme. München: Kailash 2015

Innere Pluralität

Schulz von Thun, Friedemann: Miteinander reden 3: Das »innere Team« und situationsgerechte Kommunikation. Hamburg: Rowohlt 1998

Schwartz, Richard C.: IFS – Das System der inneren Familie: Der Weg zu mehr Selbstführung. München: Kösel 2004

Schwartz, Richard C.: Kein Teil von mir ist schlecht: Mit dem Modell des inneren Familiensystems (IFS) Trauma heilen und zur Ganzheit zurückfinden. Freiburg: Arbor 2022

Stone, Hal & Sidra: Du bist viele: Das 100fache Selbst und seine Entdeckung durch die Voice-Dialogue-Methode. München: Heyne 1995

Intuition

Orloff, Judith: Jenseits der Angst: Die außersinnlichen Fähigkeiten entdecken und damit leben. Berlin: Allegria 2004

Missbrauch

Röhr, Heinz-Peter: Ich traue meiner Wahrnehmung: Heilung nach sexuellem und emotionalem Missbrauch. Ostfildern: Patmos 2021

Narzissmus/Narzisstische Beziehungen

DoctorRamani, YouTube-Kanal: https://youtube.com/c/DoctorRamani

Mirza, Debbie: The Covert Passive Aggressive Narcissist: Recognizing the Traits and Finding Healing after Hidden Emotional and Psychological Abuse. Debbie Mirza Coaching 2017

Müller, Turid: Verdeckter Narzissmus in Beziehungen. Die subtile Form toxischen Verhaltens erkennen und sich von emotionalem Missbrauch befreien. München: Kailash 2022

Narcissistic Abuse Documentary: https://www.youtube.com/watch?v=pfE-u2NzyQw&t=17s

Wardetzki, Bärbel: https://www.sinnsucher.de/kurs/zwischen-selbstzweifel-und-grandiositaet-weiblicher-narzissmus

Wardetzki, Bärbel & R., Sonja: Und das soll Liebe sein? Wie es gelingt, sich aus einer narzisstischen Beziehung zu befreien. München: dtv 2018

Narzisstisches Elternhaus

Celik, Monika: Narzissenkinder: Wenn Töchter unter narzisstischen Müttern leiden. München: Kösel 2019

Nicoleta, Gabriele: Das Gift der Narzisse: Tochter einer narzisstischen Mutter: Wenn eine Mutter ihr Kind seelisch vergiftet. Berlin: Schwarzkopf & Schwarzkopf 2016

Rossini, Afrodite: Adult Children of Narcissistic Parents: How to Heal from Distant, Rejecting or Self-Involved Parents. New Harbinger 2015

Narzisstische Kollusion

Wardetzki, Bärbel: www.sinnsucher.de/kurs/raus-aus-der-narzissmus-falle

Selbstwertgefühl/Scham/Perfektionismus/Innerer Kritiker

Bradshaw, John: Wenn Scham krank macht: Verstehen und Überwinden von Schamgefühlen. München: Knaur MensSana 2006

Brown, Brené: Die Gaben der Unvollkommenheit. Bielefeld: Kamphausen 2012

Brown, Brené: www.ted.com/search?q=brene%20brown

Diesbrock, Tom: Hermann! Vom klugen Umgang mit dem inneren Kritiker. Freiburg: Herder 2013

Merkle, Rolf: So gewinnen Sie mehr Selbstvertrauen. Berlin: Argon Balance 2020

Stahl, Stefanie: So stärken Sie Ihr Selbstwertgefühl: Damit das Leben einfach wird. München: Kailash 2000

Stone, Hal & Sidra: Du bist richtig: Mit der Voice-Dialogue-Methode den inneren Kritiker zum Freund gewinnen. München: Heyne 1995

Walker, Pete: 13 Schritte gegen Kritiker-Attacken:
www.pete-walker.com/flashbackManagement.htm

Walker, Pete: Den inneren Kritiker schrumpfen:
www.pete-walker.com/shrinkingInnerCritic.htm

Transgenerationale Weitergabe von Traumata

Wolynn, Mark: Dieser Schmerz ist nicht meiner: Wie wir uns mit dem seelischen Erbe unserer Familie aussöhnen. München: Kösel 2017

Trauma

Charf, Dami: Auch alte Wunden können heilen. München: Kösel 2018

Charf, Dami, YouTube-Kanal: https://www.youtube.com/@DamiCharf

Reddemann, Luise & Dehner-Rau, Cornelia: Trauma verstehen, bearbeiten, überwinden. Ein Übungsbuch für Körper und Seele. Stuttgart: TRIAS 2020

Runkle, Anna, (K-)PTBS-Channel: https://www.youtube.com/@CrappyChildhoodFairy

van der Kolk, Bessel: Das Trauma in dir: Wie der Körper den Schrecken festhält und wie wir heilen können. Berlin: Ullstein 2023

Walker, Pete: Posttraumatische Belastungsstörung. Vom Überleben zu neuem Leben. Kandern: Unimedica 2020

Walker, Pete, Website: www.pete-walker.com

Trennung aus narzisstischen Beziehungen

https://www.sinnsucher.de/kurs/verdeckten-narzissmus-erkennen

Trennung mit Kind

Blog: https://www.onemomsbattle.com/

Podcast: https://familiebleiben.de/

YouTube-Kanal: https://www.youtube.com/@OneMomsBattle

Umgang mit toxischem Verhalten

Forward, Susan: Emotionale Erpressung: Wenn andere mit Gefühlen drohen. München: Goldmann 2000

Weiblicher Narzissmus

Wardetzki, Bärbel: Weiblicher Narzissmus: Der Hunger nach Anerkennung. München: Kösel 2021

Wardetzki, Bärbel: Eitle Liebe: Wie narzisstische Beziehungen scheitern oder gelingen können. München: Kösel 2010

Wut

Larsson, Liv: Wut, Schuld und Scham: Drei Seiten der gleichen Medaille. Paderborn: Junfermann 2012

Lerner, Harriet Goldhor: Wohin mit meiner Wut? Neue Beziehungsmuster für Frauen. Frankfurt am Main: Fischer Taschenbuch 2001

Quellennachweis

S. 50 und 134: Cycle of Abuse (Lenore E. Walker), www.soulshepherding.org

S. 166ff.: Werte- und Entwicklungsquadrat nach Schulz von Thun, das Werte- und Entwicklungsquadrat - Schulz von Thun Institut (schulz-von-thun.de)

Anmerkungen

1 Merzeder, Christine: Wie schleichendes Gift: Narzisstischen Missbrauch in Beziehungen überleben und heilen. München: Scorpio, 8. Auflage 2020, S. 122–123

2 Wardetzki, Bärbel: Eitle Liebe. Wie narzisstische Beziehungen scheitern oder gelingen können. München: Kösel, 4. Auflage 2013

3 Pincus, Aaron L. & Lukowitsky, Mark R.: Pathological narcissism and narcissistic personality disorder In: Annu. Rev. Clin. Psychol. 2010.6:8.1–8.26, März 2010, S. 424

4 Peichl, Jochen: Narzisstische Verletzungen der Seele heilen. Das Zusammenspiel der inneren Selbstanteile. Stuttgart: Klett-Cotta 2015, S. 20

5 Ebd., S. 18

6 Walter, Marc & Bilke-Hentsch, Oliver: Narzissmus: Grundlagen – Formen – Interventionen. Stuttgart: Kohlhammer 2021, S. 52

7 In Anlehnung an: Pincus, Aaron L. & Wright, Aidan G. C. & Cain, Nicole: Narcissistic grandiosity and narcissistic vulnerability in psychotherapy. In: Personality Disorders: Theory, Research and Treatment, Januar 2014, S. 2 & Pincus, Aaron L. & Lukowitsky, Mark R.: Pathological narcissism and narcissistic personality disorder In: Annu. Rev. Clin. Psychol. 2010.6:8.1–8.26, März 2010, S. 431

8 Zur Unterscheidung narzisstischer Typen vgl. Peichl, Jochen: Narzisstische Verletzungen der Seele heilen: Das Zusammenspiel der inneren Selbstanteile. Stuttgart: Klett-Cotta, 4. Auflage 2021, S. 17–21, 71–75, 98–128, 142–161.

9 Die Tabelle orientiert sich an Peichl, Narzisstische Verletzungen der Seele heilen, a. a. O.

10 Ebd., S. 21 ff.

11 Ebd., S. 18 ff.

12 https://frauenhaus.de/frauenhaus-frauenberatungsstelle-karlsruhe/haeusliche-gewalt/haeusliche-gewalt-2/

13 Peichl, Jochen: Destruktive Paarbeziehungen: Das Trauma intimer Gewalt. Stuttgart: Klett-Cotta, 3. Aufl. 2021, S. 131 ff.
Der Ausdruck »Wunschbefriedigungsmaschine« findet sich dort auf S. 133.
14 https://de.wikipedia.org/wiki/Traumabindung
15 Hartmann, Corinna: Toxische Beziehungen. Gift für die Seele. Spektrum Psychologie 04.22. & Sondern, Lisa & Pfleiderer, Bettina: Ersthilfe bei schwerer häuslicher Gewalt – Ergebnisse aus dem IMPRODOVA-Projekt. In: Büttner, Melanie. Handbuch Häusliche Gewalt. Stuttgart: Schattauer 2020, S. 120.
16 Bartens, Werner: Emotionale Gewalt. Was uns wirklich wehtut: Kränkung, Demütigung, Liebesentzug und wie wir uns dagegen schützen. Berlin: Rowohlt, 2. Auflage 2018, S. 14–15, 16, 22–69.
17 Bartens, Werner: Emotionale Gewalt – die unsichtbare Keule. In: Büttner, Melanie: Handbuch Häusliche Gewalt. Stuttgart: Schattauer 2020, S. 25.
18 Bartens, Werner: Emotionale Gewalt. Was uns wirklich wehtut: Kränkung, Demütigung, Liebesentzug und wie wir uns dagegen schützen. Berlin: Rowohlt, 2. Auflage 2018, S. 22.
19 Ebd., S.16.
20 Peichl, Jochen: Destruktive Paarbeziehungen: Das Trauma intimer Gewalt. Stuttgart: Klett-Cotta, 3. Aufl. 2021, S. 16, 31–34 & https://www.sexuellegewalt.at/informieren/was-ist-sexuelle-gewalt-an-frauen/#Formen & https://www.re-empowerment.de/gewalt/formen/sexuelle-gewalt/ & https://www.landkreis-fulda.de/buergerservice/gesundheit/hilfe-fuer-opfer-von-gewalt/welche-gewaltarten-gibt-es & Schumann, Claudia: Die frauenärztliche Praxis – Schlüsselrolle bei der Intervention gegen Gewalt an Frauen. In: Büttner, Melanie: Handbuch Häusliche Gewalt. Stuttgart: Schattauer 2020, S. 202.
Bartens, Werner: Emotionale Gewalt – die unsichtbare Keule. In: Büttner, Melanie: Handbuch Häusliche Gewalt. Stuttgart: Schattauer 2020, S. 25 ff. & Bartens, Werner: Emotionale Gewalt. Was uns wirklich wehtut: Kränkung, Demütigung, Liebesentzug und wie wir uns dagegen schützen. Berlin: Rowohlt, 2. Auflage 2018, S. 17–31 & Büttner, Melanie: Häusliche Gewalt und die Folgen für die Gesundheit. In: Büttner, Melanie: Handbuch Häusliche Gewalt. Stuttgart: Schattauer 2020, S. 6.
21 https://www.barmer.de/gesundheit-verstehen/psyche/psychische-gesundheit/gaslighting-1072304
22 https://www.barmer.de/gesundheit-verstehen/psyche/psychische-gesundheit/gaslighting-1072304
23 Schulz von Thun, Friedemann: Miteinander reden 3. Das »innere Team« und situationsgerechte Kommunikation. Hamburg: Rowohlt 1998
24 Franki Anderson: https://www.frankianderson.co.uk/
25 In Anlehnung an Burkhard, Peter & Revenstorf, Dirk, in: Peichl, Jochen: Integration in der Traumatherapie. Vom Opfer zum Überlebenden. Stuttgart: Klett-Cotta 2018, S. 66–67
26 Bartens, Werner: Emotionale Gewalt – die unsichtbare Keule. In: Büttner, Melanie: Handbuch Häusliche Gewalt. Stuttgart: Schattauer 2020, S. 25 ff.
27 Ebd., S. 25 ff. & Bartens, Werner: Emotionale Gewalt. Was uns wirklich wehtut: Kränkung, Demütigung, Liebesentzug und wie wir uns dagegen schützen. Berlin: Rowohlt, 2. Auflage 2018, S. 33, 35.

28 Frei nach: Petraecek, Laura J.: The Anger Workbook for Women: How to Keep Your Anger from Undermining Your Self-Esteem, Your Emotional Balance, and Your Relationships. Oakland/CA: New Harbinger 2004.

29 Flying Monkeys: Sogenannte »Fliegende Affen« stehen wissentlich oder unwissentlich im Dienste der narzisstischen Person. Mehr dazu ab Seite 108.

30 Vgl. dazu „Beim nächsten Mal Liebe", https://www.sinnsucher.de/kurs/verdeckten-narzissmus-erkennen

31 Den liebevoll-wertschätzenden Begriff »Nestwerk« hat Thomas Woitkewitsch in Bezug auf das Netzwerk der www.celler-schule.de geprägt.

32 Häusliche Gewalt (frauenhaus.de) & Peichl, Jochen: Destruktive Paarbeziehungen: Das Trauma intimer Gewalt. Stuttgart: Klett-Cotta, 3. Aufl. 2021, S. 38

33 Ebd., S. 55 ff.

34 Ebd., S. 56

35 Ebd., S. 57

36 Ebd., S. 58

37 Peichl, Jochen: Innere Kritiker, Verfolger und Zerstörer. Ein Praxishandbuch für die Arbeit mit Täterintrojekten. Stuttgart: Klett-Cotta 2013, S. 129

38 Wolinsky, Stephen: Die dunkle Seite des inneren Kindes: Die Vergangenheit loslassen, die Gegenwart leben. Bielefeld: Lüchow 2010, S. 41–53

39 Die Tabelle ist angelehnt an: Wolinsky, Stephen: Die dunkle Seite des inneren Kindes: Die Vergangenheit loslassen, die Gegenwart leben. Bielefeld: Lüchow 2010

40 Wolinsky, Stephen: Die dunkle Seite des inneren Kindes: Die Vergangenheit loslassen, die Gegenwart leben. Bielefeld: Lüchow 2010, S. 95–129

41 Herman, Judith: Die Narben der Gewalt: Traumatische Erfahrungen verstehen und überwinden. Paderborn: Junfermann, 5., aktualisierte Aufl. 2003, S. 95

42 Das Werte- und Entwicklungsquadrat – Schulz von Thun Institut (schulz-von-thun.de)

43 Rosenberg, Marshall B.: Gewaltfreie Kommunikation: Eine Sprache des Lebens. Paderborn: Junfermann, 5. Auflage 2005

44 DoctorRamani: https://www.youtube.com/watch?v=Y63nWAihOjo

45 Lammers, Maren: Scham und Schuld – Behandlungsmodule für den Therapiealltag. Stuttgart: Schattauer 2020, S. 55–56

46 https://youtu.be/JSK5VSbs6kU

47 Bucay, Jorge: Komm, ich erzähl dir eine Geschichte: https://www.evangelisch-in-heepen.de/fileadmin/mediapool/gemeinden/KG_heepen/Gottesdienste/Andacht_Der_angekettete_Elefant.pdf

48 Nach Stahl, Stefanie: Jeder ist beziehungsfähig. Der goldene Weg zwischen Freiheit und Nähe. München: Kailash 2017, S. 86

49 In Anlehnung an Napier (1999) & McNeal (1999), in: Peichl, Jochen: Integration in der Traumatherapie. Vom Opfer zum Überlebenden. Stuttgart: Klett-Cotta 2018, S. 43–48

50 NOSTALK-App | WEISSER RING e. V. (weisser-ring.de)

51 de Andrade, Marilena & Gahleitner, Silke Brigitta: Kinder, die von Partnerschaftsgewalt mitbetroffen sind. In: Büttner, Melanie: Handbuch Häusliche Gewalt. Stuttgart: Schattauer 2020, S. 91–98

52 Büttner, Melanie: Häusliche Gewalt und die Folgen für die Gesundheit. In: Büttner, Melanie: Handbuch Häusliche Gewalt. Stuttgart: Schattauer 2020, S. 6

53 de Andrade, Marilena & Gahleitner, Silke Brigitta: Kinder, die von Partnerschaftsgewalt mitbetroffen sind. In: Büttner, Melanie: Handbuch Häusliche Gewalt. Stuttgart: Schattauer 2020, S. 95

54 Büttner, Melanie: Häusliche Gewalt und die Folgen für die Gesundheit. In: Büttner, Melanie: Handbuch Häusliche Gewalt. Stuttgart: Schattauer 2020, S. 6–11 & Schwarz, Silke: Gewalt gegen Frauen in heterosexuellen Partnerschaften. In: Büttner, Melanie: Handbuch Häusliche Gewalt. Stuttgart: Schattauer 2020, S. 50 & Korittko, Alexander: Gewalt gegen Kinder. In: Büttner, Melanie: Handbuch Häusliche Gewalt. Stuttgart: Schattauer 2020, S. 102–103 & Röhr, Heinz-Peter: Ich traue meiner Wahrnehmung: Heilung nach sexuellem und emotionalem Missbrauch. Ostfildern: Patmos 2021, S. 115–154

55 Beattie, Melody: Die Sucht, gebraucht zu werden. München: Heyne 2014

56 DoctorRamani: https://www.youtube.com/watch?v=6eG6w9zmBcA

57 Frei nach Julia Hagemann: www.juliahagemannskurse.wordpress.com www.juliahagemann.de

58 Doctor Ramani: Getting closer to radical acceptance - YouTube & https://www.youtube.com/watch?v=6eG6w9zmBcA & A painful look at narcissistic relationships & radical acceptance - YouTube

59 Schröttle, Monika: Häufigkeit von Partnerschaftsgewalt in Deutschland. In: Büttner, Melanie: Handbuch Häusliche Gewalt. Stuttgart: Schattauer 2020, S. 39

60 Jocher, Birgit: Arbeit im Frauenhaus – Herausforderungen und Möglichkeiten. In: Büttner, Melanie: Handbuch Häusliche Gewalt. Stuttgart: Schattauer 2020, S. 147 ff.

61 Ebd.

62 Quelle unbekannt

63 When "no contact" is not an option, try "low contact" - YouTube

64 DoctorRamani: What does it mean to go "gray rock"? (Glossary of Narcissistic Relationships) - YouTube & What happens when you go "gray rock"? - YouTube

65 DoctorRamani: https://www.youtube.com/watch?v=49HGOGy8lzw

66 Stiefmutter in Frankfurt Beratung Patchwork auf Augenhöhe (patchworkaufaugenhoehe.de) & Effektive Kommunikation zwischen getrennten Eltern (patchworkaufaugenhoehe.de)

67 Yellow Rock: Communicating with a Narcissist in a Child Custody Situation — One Mom's Battle (onemomsbattle.com) & Modified Gray Rock Communication: Yellow Rock - YouTube

68 LT_CANNED RESPONSES revised (reauthoringteaching.com)

69 Vgl. OMB Lets Talk_Canned Responses.pdf (dropbox.com)

70 Peichl, Jochen: Integration in der Traumatherapie. Vom Opfer zum Überlebenden. Stuttgart: Klett-Cotta 2018, S. 245

71 https://myvirtualjournal.medium.com/how-to-deal-with-a-narcissist-101-771575465910

Die Informationen in diesem Buch sind von der Autorin und dem Verlag sorgfältig erwogen und geprüft, dennoch kann eine Garantie nicht übernommen werden. Eine Haftung der Autorin bzw. des Verlags und seiner Beauftragten für Personen-, Sach- und Vermögensschäden ist ausgeschlossen.

Sollte diese Publikation Links auf Webseiten Dritter enthalten, so übernehmen wir für deren Inhalte keine Haftung, da wir uns diese nicht zu eigen machen, sondern lediglich auf deren Stand zum Zeitpunkt der Erstveröffentlichung verweisen.

MIX
Papier | Fördert gute Waldnutzung
FSC® C147178

Penguin Random House Verlagsgruppe FSC® N001967

1. Auflage
Originalausgabe

in der Verlagsgruppe Penguin Random House GmbH
Neumarkter Str. 28, 81673 München
Lektorat: Judith Mark
Umschlaggestaltung: ki 36, Daniela Hofner Editorial Design, München
Satz: Satzwerk Huber, Germering
Druck und Bindung: Pixartprinting, Lavis
Printed in Italy
ISBN 978-3-424-63256-9

www.kailash-verlag.de